6~12歳

発達が気になる子を理解して上手に育てる本

「小学校で困ること」を減らす 親子遊び10

作業療法士 木村順 監修

小学館

はじめに

「しでかすこと」と「できないこと」への理解をスタートに

この本を手に取られている方は、学校に通うわが子の「しでかすこと」や「できないこと」の数々に心を痛め、頭を悩ませているお父さま・お母さま方であり、子育ての工夫や家庭学習で何とかならないかと、一筋の光を求めておられる方々だと思います。

まずは、本書を手にしていただきました事に心からお礼を申しあげます。

本書は「小学校で困ること」にぶつかった子どもたちに対して、「家庭で何かできることはないか」と考える保護者のみなさまへの一助になればという目的で編まれました。

取りあげた10の親子遊びは「家庭でできること」を基準にしました。

わざわざ道具を準備したり、どこかに出かけないとできない遊びでは、長続きもしないし、やり続けることも難しいものです。そこで、家にある物、もしくは安価で入手できる物を使って、気軽に取り組める遊びを選びました。

この本で最もお伝えしたいエッセンスは、「なぜ、してかすの？」「なぜ、できないの？」という「なぜ」に立ち返って子どもの姿をとらえていくという見方・考え方です。発達につまずきのある子どもたちは、一般的な「子育て論」では対応できないようすを見せることが多々あります。「頑張ればできる」「くり返し練習すればできる」「我慢することが大事」などのことが、なかなかできないとき、保護者は戸惑い、何を糧に子育てをすればいいのかわからなくなります。

だからこそ、「なぜ」をお伝えしたいと思いました。わが子の「しでかすこと」や「できないこと」の背景がわかれば、子どもが何に困っているかがわかり、何をしてあげればよいのかも見えてくるでしょう。

子どもたちの「しでかすこと」や「できないこと」について、本書に書かれていること「こそ」が正しいわけではありません。今の時代、さまざまな指導法や療育法が開発されているので、知見を広げながら、わが子の「なぜ」に合わせて、親子遊びをアレンジしてください。

本書が、その方向性を示す「ガイドブック」として、お役に立つことができれば幸いです。

２０１４年５月11日（長男の14歳の誕生日に）木村 順

6〜12歳

発達が気になる子を理解して上手に育てる本
「小学校で困ること」を減らす親子遊び10

2 「小学校で困ること」を減らす親子遊び10

3 先生や友達など周囲の理解を得るために

1

わが子の「苦手」や「困った」の程度とタイプを知ろう

発達が気になる子の中には、
じっとできない、人の気持ちがわかりにくい、
極端に不器用など、いろいろなタイプがあります。
わが子がどのタイプで、程度はどれくらいかを
把握することで、対処方法がわかりやすくなります。

落ち着きがないTちゃん

注意の集中や持続力に欠け衝動的な行動が出やすい

幼稚園や保育園では、「元気」「活発」だと受け入れられていた子が、小学校では「落ち着きがない」「集中できない」と注意され、注意欠陥多動性障害（ADHD）が疑われることがあります。じっくり考えることが苦手だったり、衝動的に行動してしまうことがあり、友達とトラブルになることもあります。

これは感情や集中力、行動の方向づけに関わる脳の働きに偏りがあるためです。

「親子遊び」で集中力を高め、落ち着いて行動できるようになると、集団になじみやすくなります。

Tちゃんタイプにありがちな「小学校で困ること」

◎授業や人の話に集中できない
◎離席してしまうことが多い
◎忘れ物が多い
◎「乱暴」のレッテルがつく
◎片づけ・整理整とんが苦手

だらしがないBくん

小さいころから運動が苦手で
手先も不器用
先生〜ペンギン作った〜
わー上手だねー
小学生になってからは
ほら！Bくん
しゃんとして！
姿勢の悪さや——
授業中にモタモタするので先生に叱られることが多くなり
Bくん！
早くコンパス出しなさい！
モタモタ
本人は一生懸命やっているのだけど
む…難しい…
やっぱり上手にできないし

全身運動が苦手で手先も不器用さが目立つ

幼いころは体がふにゃふにゃで、転びやすかったりします。おとなしくて控えめに見える子も多いでしょう。これは運動や動作に関わる脳の働きに偏りがあるためです。身支度が遅い、工作が下手など、不器用さが目立つ子は協調運動障害の可能性があります。不器用さが引き金となり、自信をなくす子や、悪ふざけでごまかす子もいます。

「親子遊び」では、姿勢作りの基本や自分の体を実感していく遊びを通して、全身や手先の器用さを育てていきましょう。

Bくんタイプにありがちな「小学校で困ること」

- ◎器械体操、組体操などが苦手
- ◎図画工作が苦手
- ◎模倣動作が苦手
- ◎字が汚い
- ◎楽器の演奏（操作）が苦手
- ◎ひも結び、箸の使い方、などが苦手

友達の気持ちがわからないAくん

相手の気持ちを察するのが苦手で場の空気が読めない

幼いころは「虫博士」や「鉄道博士」などと呼ばれ、記憶力に優れ、文字や数を覚えるのも早いほう。知的に優れているのに、人とうまく付き合えず、クラスで浮くことが多い子は、アスペルガー症候群の可能性が考えられます。これは言語に頼らず他人の感情や意図を読み取る脳の働きに偏りがあるためです。「親子遊び」では、コミュニケーションのとり方の基本や、そのスキルを学んでいくことが大切です。理解力があるのでスキルが頭に入ると、人付き合いも上手くいきます。

Aくんタイプにありがちな「小学校で困ること」

- ◎まわりに合わせるのが苦手
- ◎自分のルールや手順にこだわる
- ◎見たまま感じたまま口にする
- ◎言葉を文字通りに解釈する
- ◎マニアックな世界を持っている

勉強がとっても苦手なLちゃん

読み書きや計算など基礎学力につまずきがある

視力や聴力に障害がなく、知的にも問題がないのに、学習面でつまずきを見せる子どもたちがいます。文字が書けない、読めない、文章が綴《つづ》れない、意味がわからない、計算ができないなどの基礎学力の凹凸が大きいのが学習障害（LD）です。これは、読み書き計算に関わる脳の働きに偏りがあるためです。「親子遊び」で、読み書き計算に必要な基礎学力の、さらに基礎を整えていくことで、読み間違いや計算間違いなどを減らすことができます。

Lちゃんタイプにありがちな「小学校で困ること」

◎読み間違いが多い
◎書き間違いが多い
◎文章理解がとても苦手
◎計算がとても苦手
◎言葉だけでは指示が入りにくい
◎口先ばかりで行動が伴わない

わが子の「苦手」や「困った」の程度とタイプを理解しよう

前ページまでの4つのマンガにあるような子どもたちには、それぞれに特性があります。それぞれの背景にある特性がわかると対応策も見えてきます。

子どもを理解するためのキーワードは「適応力」

マンガに登場した4人は、それぞれに特性があり、「小学校で困ること」も違いました。しかし、共通しているのは、知的に問題がないにもかかわらず、「その時、その場、その状況に合わせていく力」＝「適応力」につまずきがあることです。

ただ、ひとことで「適応力」といっても、理解していくのは難しいので、ここでは、その「程度」と「タイプ」に分けて説明していきたいと思います。

まずは「程度」についてです。子どもたちの育ちのようすを、いわゆる健常児から、診断名のある子どもたちまで、その程度に分けて並べたとき、どちらともいえないところに位置する

発達障害とグレーゾーン

発達障害と診断がついた子と、いわゆる健常児の間には、明らかな区切りがあるわけではありません。どちらにも重なるグレーゾーンの子は明らかに存在し、障害があるとはいえないけれど、「苦手」や「困った」を抱えて苦労していることが多いのです。

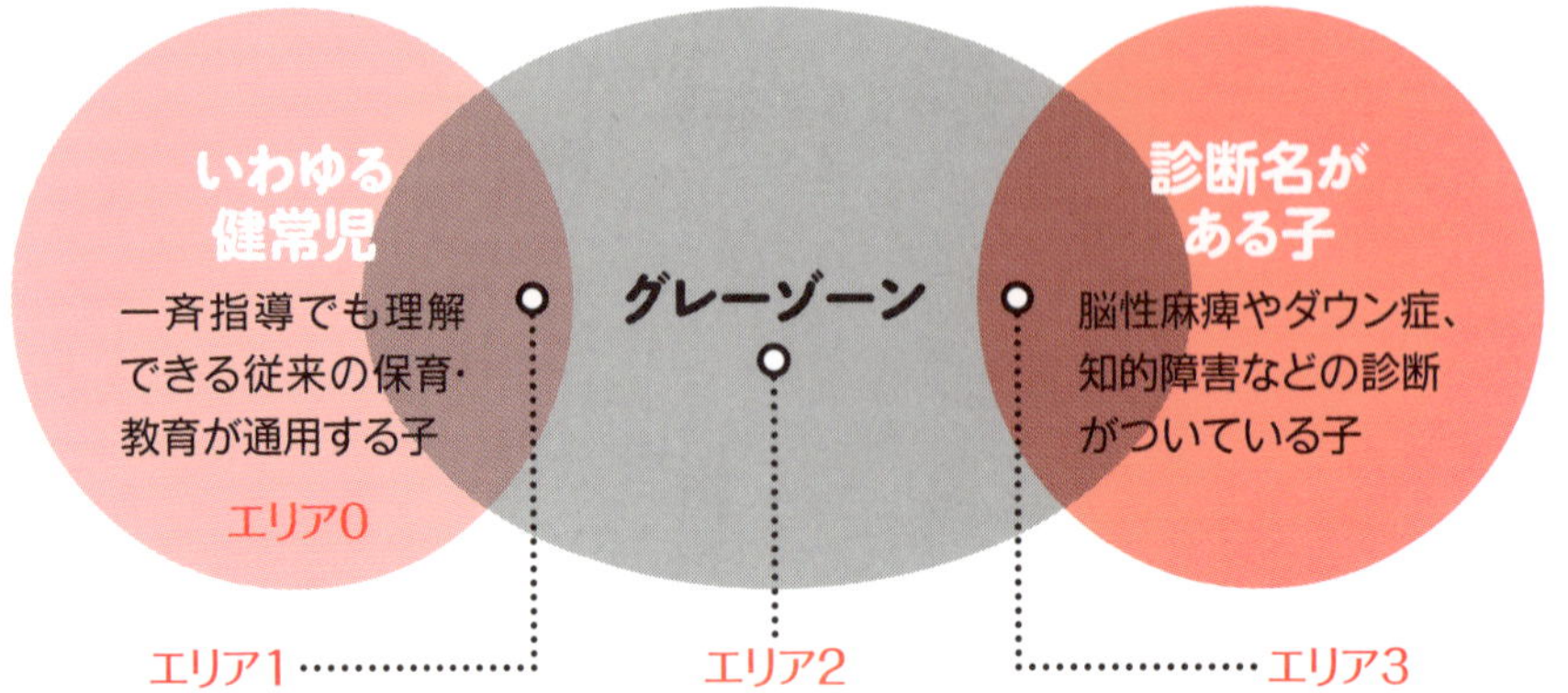

いわゆる健常児
一斉指導でも理解できる従来の保育・教育が通用する子
エリア0
グレーゾーン
診断名がある子
脳性麻痺やダウン症、知的障害などの診断がついている子
エリア1
エリア2
エリア3

エリア1
診断名はつくはずもないが、どこか不器用さやおっちょこちょいさを感じさせる子。木村の調査（2006年）からの推定で通常学級の3〜4割

エリア2
発達障害の診断はつかないが、ルールを守れなかったり対人関係でトラブルがあるなど、集団行動からはみ出しやすい子。推定で通常学級の2割程度。

エリア3
発達障害（アスペルガー症候群、注意欠陥多動性障害、学習障害など）と診断されてもおかしくない子。文部科学省調査（2012年）の推定で通常学級の6〜7%※

本書の「親子遊び」はエリア1・2・3の子どもたちの「困った!」を減らします

※協調運動障害は含まれません。

「グレー」のエリアがあることがわかります。「適応力」の低下を示す子どもたちは、実は「グレーゾーン」の子どもたちであると理解してみます。グレーの濃さを3つに分けたのが右ページの図です。

さらに、適応力のつまずきの種類で分けたのが下の図です。4つの円が重なるのは、もともと、単一の特性だけで現れるわけではないからです。例えば、空気が読めない子が、不器用の傾向を持つことが多くあります。

また、グレーゾーンの子どもたちのほとんどは、感覚の使い方に崩れがあるのも特徴です。詳しくは20ページから解説します。

わが子の特性が、円のどのあたりに位置するかを把握していくことで、これからの、育てていく方向が見やすくなっていくでしょう。

発達に偏りがある子の4つのタイプ

アスペルガー症候群タイプ

相手の意図や気持ちを察する力が弱く、自分の思いを、相手に伝えることも難しい。

背景にある感覚のトラブル

触覚防衛、その他の感覚防衛、感覚の鈍さ、ボディイメージの未発達など

注意欠陥多動性障害タイプ

注意の集中・持続力に欠けていて、衝動的に行動したり、じっくり考えることが苦手。

背景にある感覚のトラブル

触覚防衛、その他の感覚防衛、バランス感覚の低反応、その他の感覚の鈍さ、ボディイメージの未発達など

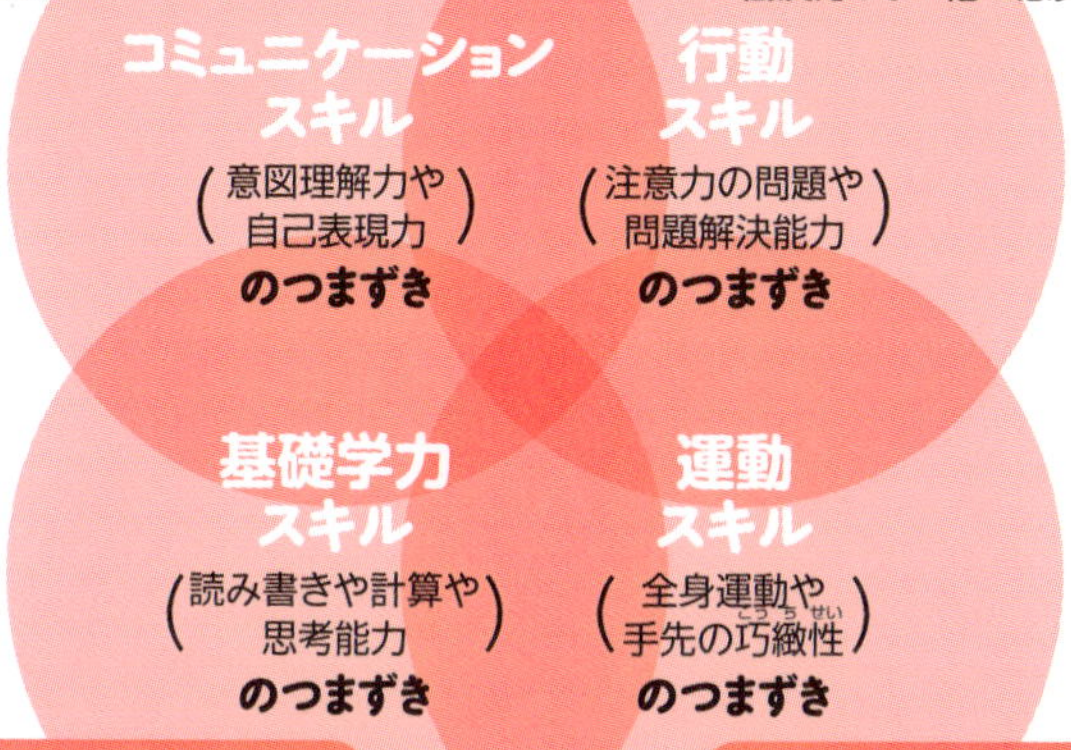
コミュニケーションスキル
（意図理解力や自己表現力）のつまずき
行動スキル
（注意力の問題や問題解決能力）のつまずき
基礎学力スキル
（読み書きや計算や思考能力）のつまずき
運動スキル
（全身運動や手先の巧《こう》緻《ち》性《せい》）のつまずき

学習障害タイプ

読み書き、計算、聞く、語るなど、基礎学力を支える一部、もしくはいくつかの柱につまずきがある。

背景にある感覚のトラブル

バランス感覚の低反応、ボディイメージの未発達、触覚防衛、感覚の鈍さなど

協調運動障害タイプ

手足や体など、全身を手順よく動かすのが苦手。手先が不器用。

背景にある感覚のトラブル

ボディイメージの未発達、バランス感覚の低反応、その他の感覚の鈍さや感覚の過敏さなど

理由と、本書の使い方

だらしがない
Bくん

運動スキル

運動スキルの裏に感覚スキルあり

幼少期から学齢期は、運動の得意な子どもたちが集団の中でのヒーローやヒロインになりやすいものです。なので、不器用さ自体が苦手意識を作り、さらに自己否定感を作ってしまうことが多く見られます。本書では、「がんばる」ことや「反復学習」で動きを覚え込ませるのではなく、さまざまな感覚の使いこなし方を育てていくことから、自在に“運転できる自分の体”づくりに取り組みます。

落ち着きがない
Tちゃん

行動スキル

感覚の使い方の崩れが問題行動を作る

注意散漫で、授業中に先生の話が聞けなかったり、落ち着きなく動いてしまう、あるいは、衝動的に手が出たり、暴言を吐いたりするのは、本人の性格がすさんでいるのではなく、それ自体が特性なのです。「我慢」や「忍耐」できることをテーマにするのではなく、本書では、感覚の使い方の方向づけや、暴走運転に陥らない、体の使い方の学習を大切にしていきます。

4つのタイプ別「小学校で困ること」の

勉強が
とっても苦手な
Lちゃん

基礎学力スキル

基礎学力のさらに基礎に感覚あり

知的な遅れや視力・聴力の問題がないのに、数概念がない、文字が読めない、もしくは書けないなど、極端な苦手があるのは、本人の努力不足ではなく、それ自体が特性なのです。「しっかり、頑張って」と励ますだけでは変わりませんが、根本的な原因にアプローチすれば、困ることを減らせます。本書では、一見関係があると思えない、ボディイメージや眼球運動の改善などから、文字・数の理解を高めます。

友達の
気持ちが
わからない
Aくん

コミュニケーションスキル

「非言語」のスキルがコミュニケーションの土台

難しいことをよく知っていたり、百科辞典的な知識はあるのに、その場のルールが読めなかったり、相手の気持ちを察することが苦手なのは、親のしつけができていないからではなく、それ自体が特性なのです。道徳律でしばるのではなく、本書では「人の気持ち」に気づくための「共感性」の基本を学んだり、ことば以外の情報を読み取るスキルを育てることを大切にします。

わが子の「困った」の原因を「感覚」の使い方の崩れで理解

小学校で苦労が多い子の、さまざまな「苦手」や「困った」の原因の多くに、「感覚」の使い方の崩れがあります。感覚がうまく使えないと、動作や行動に問題が起きやすくなります。

「感覚」がうまく使えないと動作や行動に問題が生じる

焦点距離センサーの壊れたカメラは、ピンボケに写ります。温度センサーがきかない冷蔵庫は、過剰に冷やしたりします。また、センサーそのものは正常に働いていたとしても、その情報を処理している内部回路に不具合があると、うまく機能しなくなるのです。

子どもの「困った」様子も、ピンボケや過剰冷却に例えれば、結果にとらわれず、「内部回路」の働きを整えていくことの大切さが見えてくるでしょう。

ただ、「どこで感じている?」「いつ使っている?」「どのように感じている?」など、自覚しにくい感覚がテーマになるため、理解するのが難しいのです。

一般的に「感覚」というと「五感」を思いうかべる

五感　❶視覚　❷聴覚　❸嗅覚　❹味覚　❺触覚

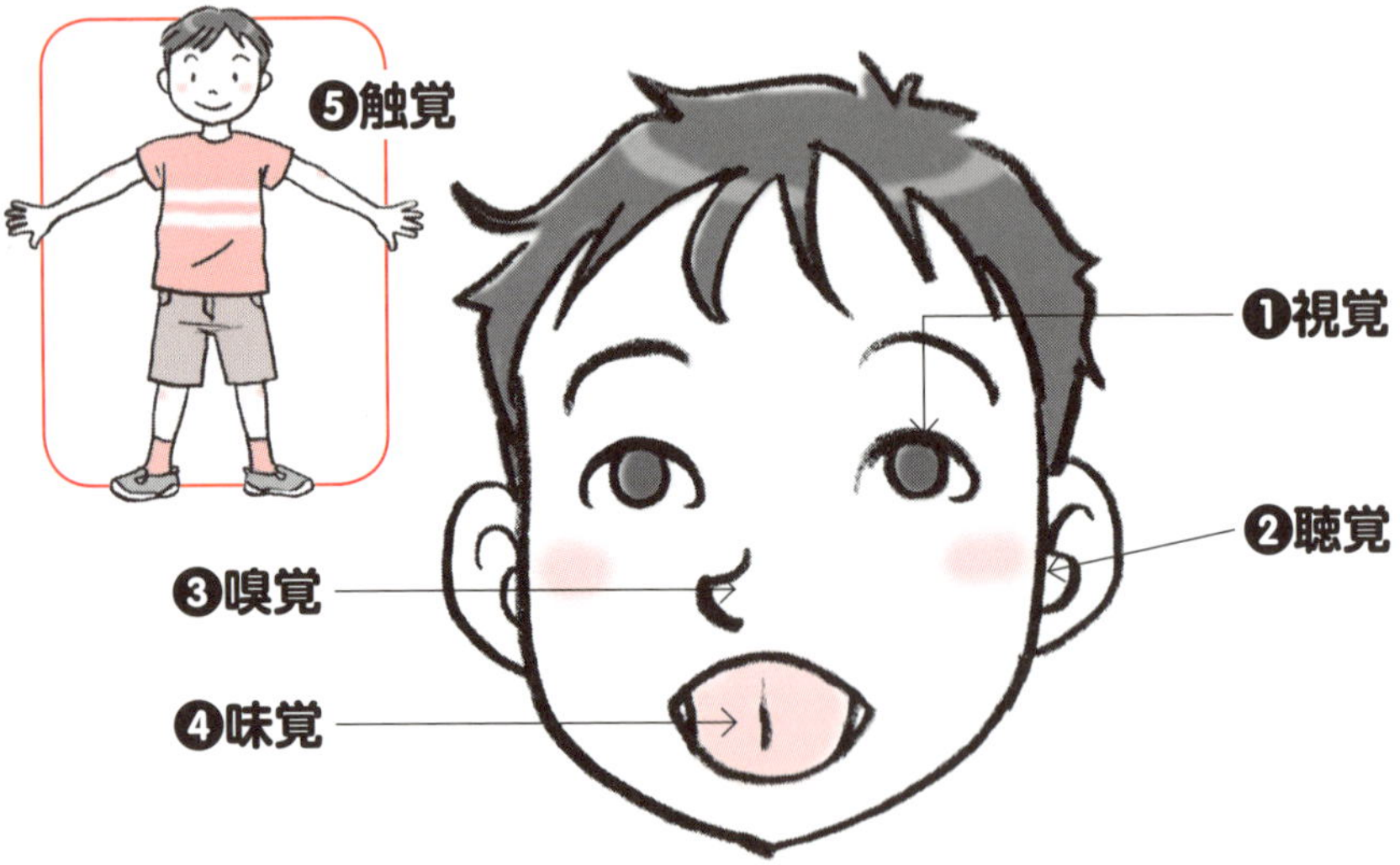

「適応力」の源となる3つの感覚

バランス感覚　**触覚**　**固有覚**

五感はどういう感覚なのか、実感しやすい感覚です。しかし、「適応力」の源となる3つの感覚は、ほとんど無自覚に使っているため、ピンときません。この3つの感覚について理解することが、子どもの状態を読み取る手だてになります。

無自覚に使っている3つの感覚は理解されにくい

見えているのに物や人にぶつかる子や、字を書くのが下手な子は、不注意や粗雑な子だと思われます。触覚や固有覚を司《つかさど》る脳の回路にトラブルがあるとはなかなか理解してもらえません。同様に、多動の子がバランス感覚を司る脳の回路のつながりが悪いとは理解してもらえないのです。

ふだん無自覚に使っているバランス感覚、触覚、固有覚の3つの感覚のことを知ることがわが子の「困った」の原因を知るカギになります。

3つの感覚の崩れが「小学校で困ること」を生み出します。

＜＜＜詳しくは次ページ

見えているのにぶつかったら

イテ
不注意な子ね

実は触覚や固有覚の回路にトラブルがあるからです。

聞こえるのにふり向きもしなかったら

ねえ
ねえ
無視するなんて、失礼な子ね

実は3つの感覚が未発達なため、注意のコントロールが苦手なのです。

「バランス感覚」の交通整理ができないことから起こること

バランス感覚は、姿勢を保ったり、その場に居続けたり、目を動かす運動回路に作用します。この感覚を受け止める脳の回路に問題があると、「小学校で困ること」につながります。

運動の苦手だけでなく多動や学習の遅れにも

バランス感覚は耳の奥にある耳石器《じせきき》や三半規管という受容器（センサー）で感じとります。前者は上下・左右・前後方向の揺れや重力を、後者は頭の回転を感じ取っています。

この情報を受け止める脳の中の回路が、うまくつながっていなかったり、一部が過剰に働いてしまったりすると、イラストにあるような、さまざまな気になる状態像を作り出します。

また、バランス感覚は、姿勢の中心軸を作ります。これは「正中線《せいちゅうせん》」といい、左右の脳の中心を表す軸でもあります。正中線の未発達も、右手と左手の連携や使い分けが苦手など、気になる状態像の原因となります。

姿勢の崩れ

バランス感覚を受け止める脳の回路での交通整理ができていないと、姿勢を調整する運動回路にスイッチが入りにくくなります。そのため、姿勢が崩れて「だらしない」「やる気がない」ように見えてしまいます。

じっとできない・多動

バランス感覚を受け止める脳の回路のつながりが悪いと、不足情報を求める行動が出やすくなります。走り回る、飛び跳ねる、体を揺するなどの行動から「落ち着きのない子」と言われます。

重力不安・姿勢不安

揺れや回転などの感覚情報を過度に感じるため、揺れたり回転する活動が苦手になったり、不慣れな姿勢を怖がります。そのため、水泳や跳び箱、鉄棒などを怖がることが多く見られます。

タイミングがつかめない

バランス感覚がうまく使えないとタイミング合わせやリズム感が育ちにくくなります。

バランス感覚と目の動きの関係

頭を固定したまま目の前の本を動かすと、必死に眼球を動かしても字を読めませんが、本を固定して頭を動かすと字を読めます。これは頭の揺れや回転の情報（バランス感覚）が脳に入り、その結果、眼球運動の回路に情報が送られるからです。つまり、バランス感覚の回路がうまく働くと、眼球運動がスムーズに行われるのです。

眼球運動の未発達

バランス感覚と眼球運動は密接に関係しています。バランス感覚を受け止める回路での交通整理がうまくできていないと、眼球の動きが悪くなり、ドッジボールなどの運動が苦手になったり、板書写しでどこを見ればよいかわからなくなったり、文字を読み飛ばしたり学習の苦手につながることがあります。

「触覚」の交通整理ができないことから起こること

触覚は、対人関係や社会性の発達に必要な「アタッチメント（愛着）」の基本を作る感覚です。この感覚の交通整理ができないと、多くの問題を作り出してしまいます。

「適応力」の基礎が育ちにくくなる

皮膚から入ってきた情報が、脳の中では大きくふたつのネットワークで作用します。ひとつは本能的な行動にスイッチを入れ、もうひとつは、知的な行動の源となるものです。脳の中で、このふたつのネットワークの交通整理ができなくなると、触覚の感じ方の鈍さと過敏さが、ひとりの子に混在して現れやすくなります。

日常生活ではイラストのような場面で現れやすく「触覚防衛」といいます。早ければ生後半年過ぎから現れます。触覚防衛の一番の問題はアタッチメント（愛着）の発達を阻害し、対人関係や社会性など「適応力」の発達を崩してしまうことです。

触覚防衛を裏づける4つの行動

身につける物へのこだわり

帽子やマスクが苦手、自分の気に入った肌触りの服しか着ないなどのこだわりが見られます。

養育行為への拒否や抵抗

散髪や耳掃除、歯磨き、爪切りなどを嫌がります。

触ることができる素材が偏る

苦手な触感があって触れない物があるいっぽうで、自己刺激として触り続ける触感の物もあります。

アクティブタッチはOK パッシブタッチはNG

自分からは触りにいくことができても、触られると嫌がることが多いです。

触覚防衛に併発しやすい状態像

過敏と鈍感が混在しやすい

皮膚感覚を受け止める回路のつながりが悪いと、ぶつけたり、ケガをしても平気でいます。注射しても泣かないので、我慢強いと誤解されることもあります。

爪かみや鉛筆かじりなどの自己刺激行動

退屈や緊張する場面では、自分の体に刺激を入れてしまいやすくなります。

触覚防衛が作り出す大きな問題

「社会性」が育ちにくくなる

集団の中に入れなかったり、入ったとしても身体接触が生じる場では、乱暴な行動（攻撃性）に出てしまうこともあります。

「共感性」が育ちにくくなる

人に触れられるのを嫌がるため、スキンシップをベースにしたアタッチメント（愛着）の発達が停滞したり、偏ったりしてしまいます。

「固有覚」の交通整理ができないことから起こること

「固有覚」は3つの感覚の中でも、最も聞き慣れない感覚です。ふだんは無意識に使う感覚なので、この感覚の使い方が崩れている子は、周囲に誤解されやすくなります。

がさつで乱暴な動作が目立ち誤解されやすい

動作や行動はいうまでもなく筋肉の働きによるものです。この筋肉の収縮の程度や、関節の曲がり具合、伸び具合の情報のことを「固有覚」といいます。

車の運転にたとえると、アクセルのふかし具合、ブレーキのきき具合、ハンドルをきった際のタイヤの向きが実感できることと似ています。

固有覚が交通整理できない脳は、上手に体の運転ができない状態を作ります。

自覚しにくい3つの感覚の中でももっともピンとこないものなので、この感覚情報を交通整理している脳の働きにトラブルがあっても、つい「しつけ」で対応してしまいがちなのです。

「重い」「軽い」の違いは「固有覚」で感じとる

子どもに「コップが空だったら先生の手のひらに水を注ぐ真似をして、水が入っていたら、トレイに置いて」と指示を出します。目をあけているときは、水の有無は見て判断することもできます。

しかし、目隠しをしたら、コップに水が入っているのかどうかわからなくなる子は、「固有覚」の育ちにつまずきがある場合があります。視覚や聴覚などの他の感覚に頼らずに、物の重さの違いなどがわかるのは、「固有覚」の働きなのです。

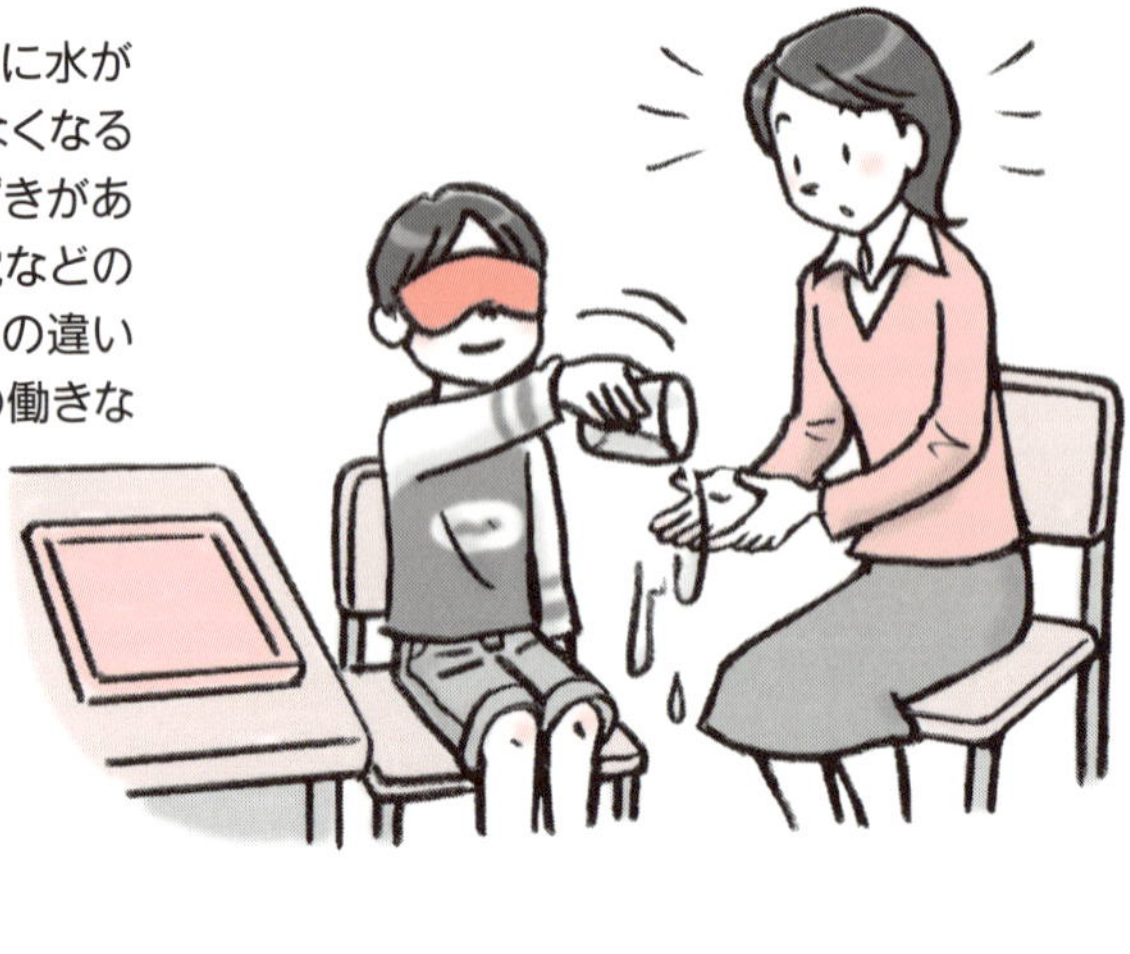

力加減ができない

固有覚を受け止める回路のつながりが悪いと筋肉がどの程度働いているかが実感しにくくなります。そのため、人を強く叩《たた》いたり、物を壊したりしてしまうことがあります。

動作ががさつで乱暴と思われる

力の入れ加減に加えて、関節の動きも実感できにくくなっていると、コップを机の上にバンッと強く置いたり、お茶をつぐときに距離がつかめずにこぼしたりします。そのためがさつな子だと思われます。

模倣や体操が苦手になる

視野に入る手の動きは、「見て」コントロールできますが、視野に入らない手足、体の動きは固有覚でコントロールしなければいけません。そのために、全身を大きく動かす模倣動作や器械体操なども苦手になりやすいのです。

Q

入学、進級後の最初の保護者会で子どもの特性を伝えるべき？

A 年度はじめの保護者会は、クラスの保護者たちに話ができるいい機会です。子どもの特性を伝えることで、敬遠されるとか、「ぜんぜん気にならないわよ」と慰められて困るなどの声もありますが、私はおおむね早い段階でオープンにしたほうがいいと考えています。

一般的には集団の特性を考えるときに、1対2対7という分け方があります。10人いたら、1人は誤解者となり、物事を悪意で捉えて解釈するものなのです。しかし、2人は理解者となり、サポートしてくれます。そして、残りの7人は周囲が動き始めたらなびく人で、この7人が、どちらになびくかがカギになります。

もし、誤解者である1割が先に動き始めたら、残りの7割も同調して、「同じクラスだと困ります」などと言い始めることもあるでしょう。ならば、先に2割が理解者になってくれれば安心です。2割の人が「困っている人は助けよう」と動いてくれれば、残りの7割も「そうよね。お互いさまよね」となるでしょう。

保護者会では、「うちの子がご迷惑をかけているかもしれません」と、はじめに頭を下げることも必要です。次に、今はまだ起きていないかもしれないけれど、予測されるできごととして「クラスの一員として、ほかのお子さんたちの足をひっぱることがないか心配しています」と続けます。

つまり、「うちの子を守って」とお願いするのではなく、この先、うちの子が迷惑をかけるかもしれないと伝えます。例えば、協調運動障害の傾向がある子なら、「うちの子がいると、組み体操でピラミッドがうまくできないかも」「全員リレーでは抜かれて負けてしまうかも」と伝えます。アスペルガーの傾向が強い子の場合は、「人の気に障ることを平気で言ったり、ルールにこだわるなど、固い理解のしかたしかできないんです」と伝えます。

つまり、わが子がこれからやってしまうかもしれないことについて、先にお詫《わ》びをするのです。その上で、「気になることがあったら、いつでも連絡してください」「遠慮なく声をかけてください」と伝えます。それでも、「あなたの子どものせいで」と言う保護者はいるでしょうが、きっと残りの9割が防波堤になってくれるでしょう。

なお、これらのことがうまくいくためにも担任の先生には、事前に発言する時間をもらえるようにお願いしておくことも必要です。

2
「小学校で困ること」を減らす親子遊び10

家庭で気軽に毎日続けられる「親子遊び」を紹介します。
姿勢をよくしたり、集中力を高めたりする遊びは
朝の登校前に続ければ、授業態度を改善できるでしょう。
それぞれの遊びが、異なる4タイプの子どもの
だれに適しているかのマークをつけました。

親子遊び 1 バランス感覚の回路を活性化

トランポリン

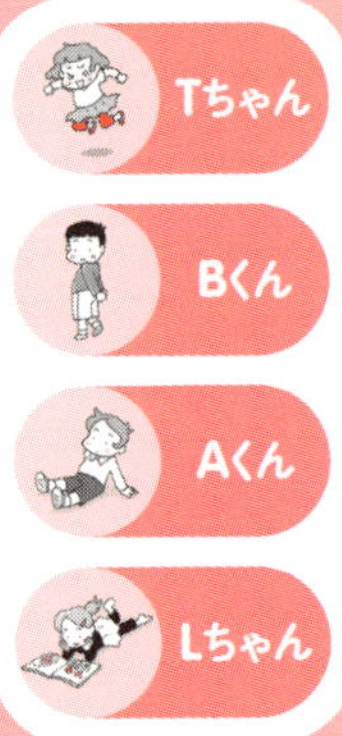

発達が気になる子が、おうちでできる親子遊びとして
もっとも手軽で、おすすめなのが「トランポリン」遊びです。
姿勢の崩れや多動がおさまるなど、いろいろな効果が期待できます。
大人でも使えるフィットネス用の室内ミニトランポリンならば
4000円くらいで購入できます。

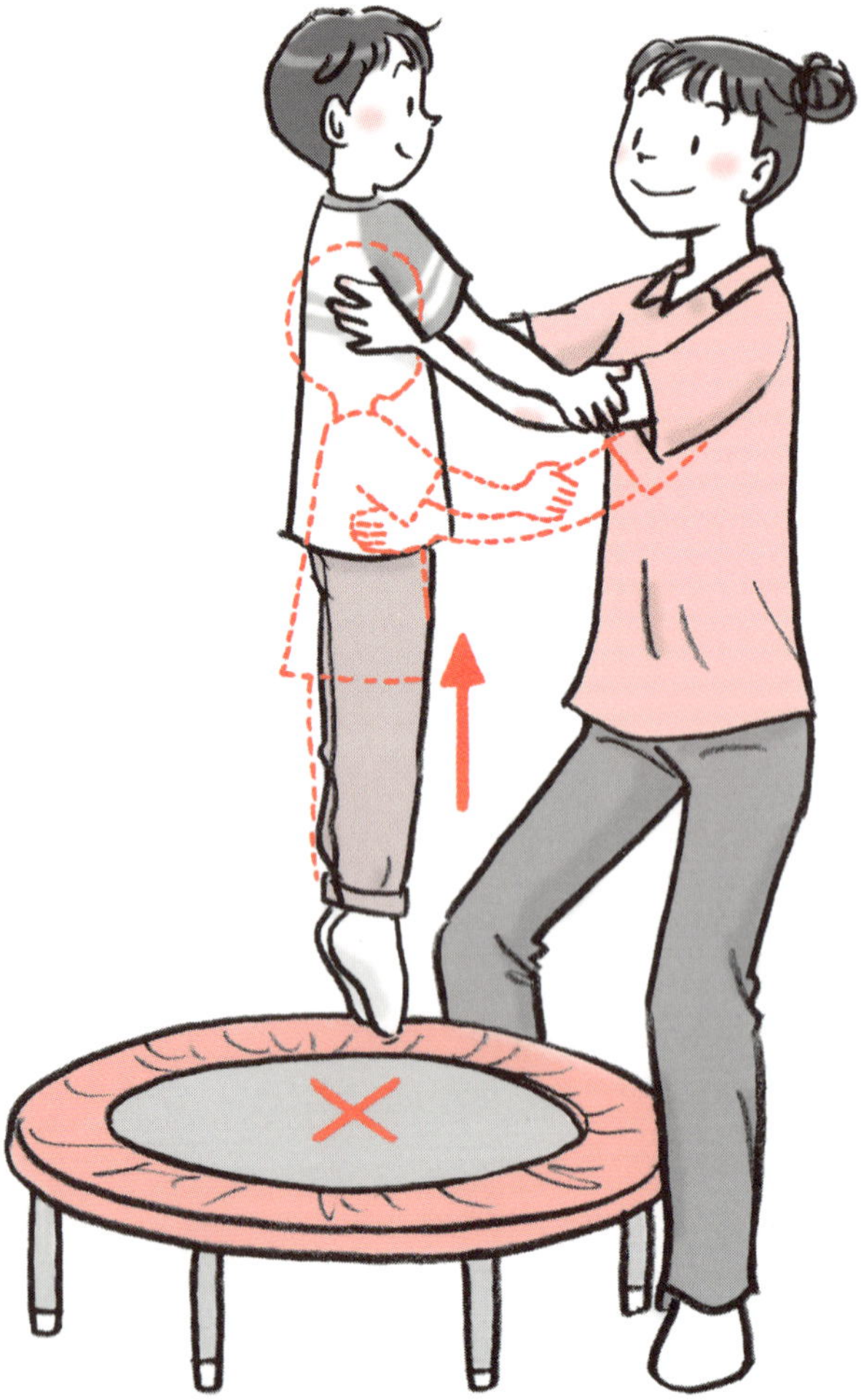

子どもが自分で跳ぶ高さより高く

子どもが自分で跳ぶより1.5倍～2倍高く放り上げることで、上下の揺れ幅が大きくなります。ふだん使っている以上にバランス感覚の回路にスイッチを入れていくことが大切です。

親子遊びを始める前に

トランポリンはジャンプという運動課題ではなく、上下揺れというバランス感覚を用いた課題として位置づけます。漫然と自己刺激的に跳ばせるのではなく、大人が介助して大きく跳ばせることで効果が期待できます。

頭何個分跳んでいるか測る

はじめに跳んでいる高さをチェックします。足先でなく、頭のてっぺんの揺れ幅が子どもの頭いくつ分跳んでいるのかを調べておくといいでしょう。

跳ぶときの腕の形

体がふにゃっとしている子は、バランスをとろうとしても、跳ぶたびに手がタコ踊りしてしまいやすい。

腰の伸び具合

体が宙に浮くことで姿勢の軸が崩れやすい子は腰が後ろにひけて、へっぴり腰になりがち。

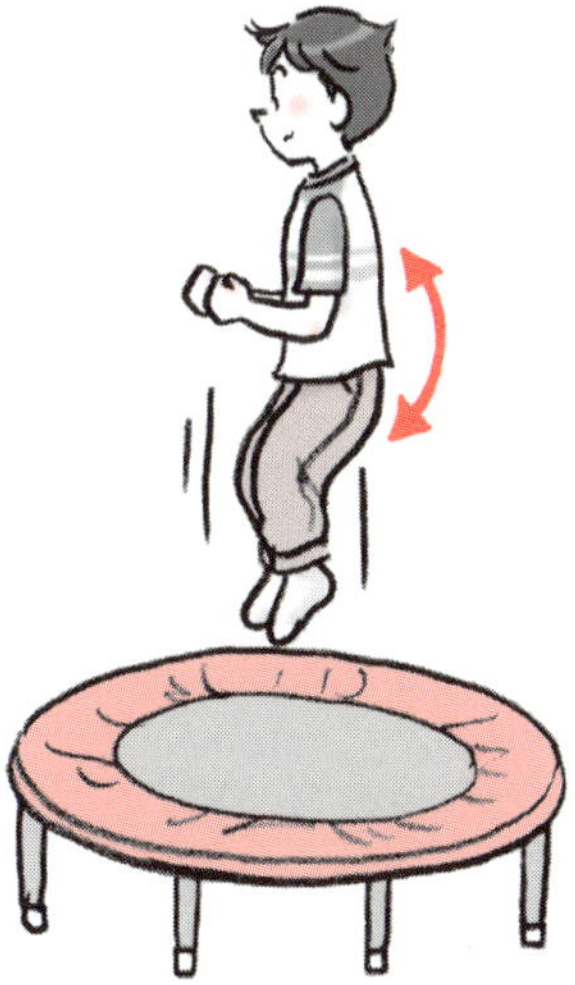

着地点のぶれ具合

姿勢の中心軸が整っていない子は、連続で跳ぶと着地点が前後左右にぶれがちです。足のいくつ分ぶれがあるか調べます。

育つ力❶
姿勢の改善

発達が気になる子は体がふにゃっとして、姿勢が崩れやすい子が多いものです。姿勢が悪いと、やる気がなくて授業態度も悪いと誤解されやすくなります。姿勢を改善して印象をよくしましょう。

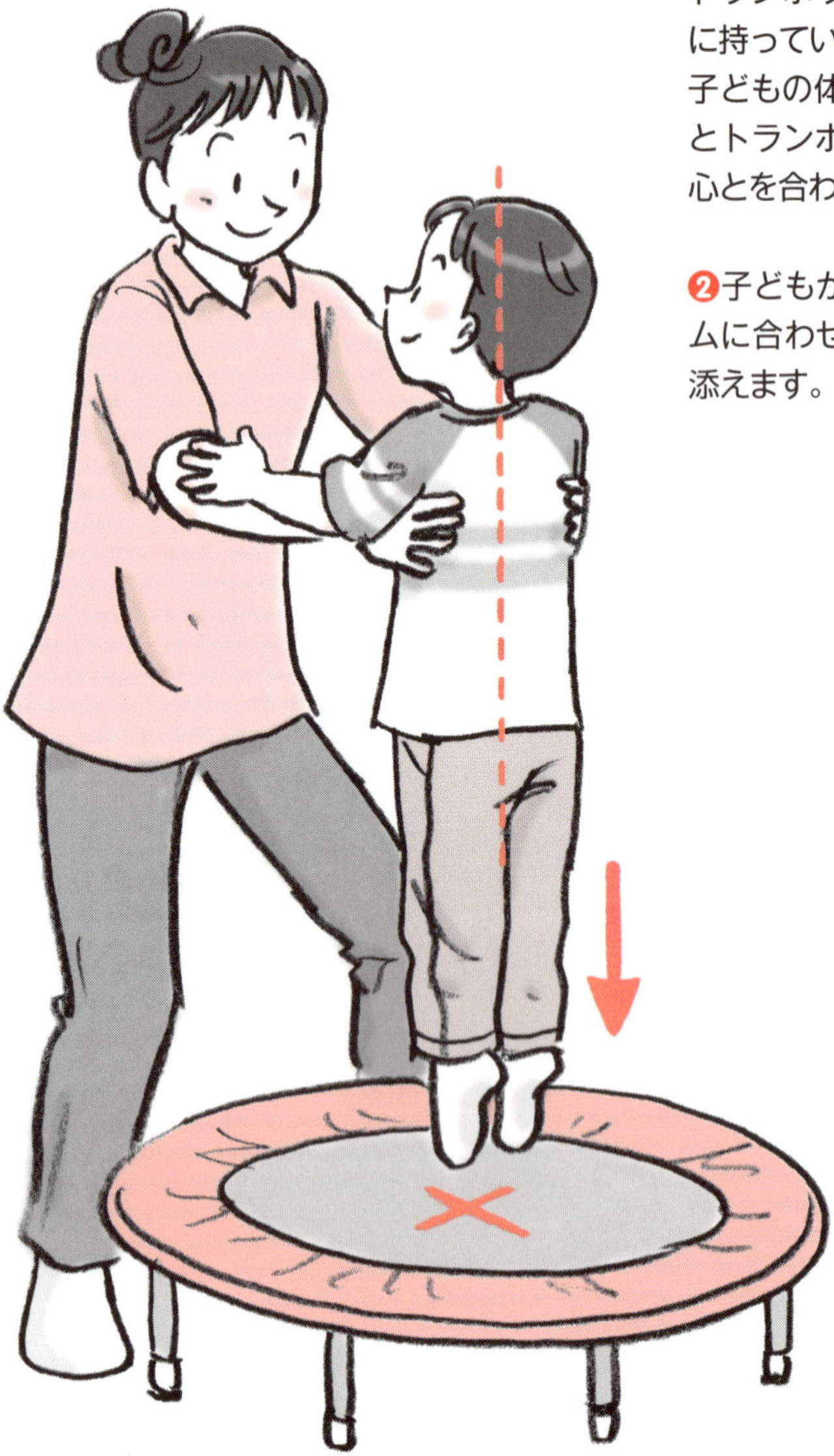

❶大人の手の位置をトランポリンの中央に持っていくことで、子どもの体の中心軸とトランポリンの中心とを合わせます。

❷子どもが跳ぶリズムに合わせて、手を添えます。

❸子どもの体の軸がまっすぐになったと感じた瞬間を見計らって、上方向に加速します。持ち上げるのではなく、上下する動きを利用して放り上げるようにします。

大人のほうは膝を曲げて、体幹をまっすぐに保つことで、腰痛を予防します。

できれば登校前に！

効果を出すには100回程度（約10分間）かかります。大変なときは2、3回に分けてもいいでしょう。トランポリンの効果は半日くらいしか持続しません。なので、毎朝、登校前に行うといいでしょう。すると、午前中の授業態度が変わります。

タンバリンにジャンプ

子どもが自分で跳んでいた高さよりも、少し高い位置にタンバリンをセット。叩《たた》いて音がならせるか挑戦させます。より高く跳びたいと思うと背筋が伸びて、自《おの》ずと背中がまっすぐになっていきます。ヘディングジャンプにしてもいいでしょう。

バランスボールにジャンプ

タンバリンと同様に、子どもが自分で跳んだ高さよりも高い位置に、バランスボールをセット。子どもはボールをトントンと突いて、ボールを下に落とすことができたら勝ちにします。

押し付けられる力に対して抵抗する体の緊張がないと、イラストのようにぐにゃっと倒れ込むことになります。

下方にドン!

上方介助ジャンプで子どもの腰が伸びてきたら、上に放り上げるだけでなく、下に降りてきたときに、床側に下方加速する方法もあります。それでも姿勢が保てるように、子どもの全身に力が入ります。

姿勢がよくなると

姿勢がよくなると、授業態度の印象が変わるだけでなく、ほかにもいろいろな効果があります。バランス感覚の効果には、個人差がありますが、うまくいくと半日ほどは維持できるので、登校前に行うとよいでしょう。

前回りがまっすぐにできるようになる

マット運動で、前回りも後ろ回りも曲がってマットからずり落ちていたのが、まっすぐに回転できるようになります。

100m走をまっすぐ走れるようになる

運動会の徒競走で、自分のレーンからはみ出して走っていた子が、まっすぐに走れるようになります。

縄跳びの連続跳びができる

跳んだ後、手の動きに合わせて、前かがみで着地すると、1回しか跳べません。姿勢の軸を作ることで、連続で跳べるようになります。

騎馬戦の馬になっても崩れない

背中がふにゃふにゃしていると、騎馬戦の馬や、組み体操のピラミッドなどで、崩れてしまうことがあります。筋肉を鍛える前に、まずバランス感覚の回路を活性化させていくことで、ふにゃふにゃを改善していきましょう。

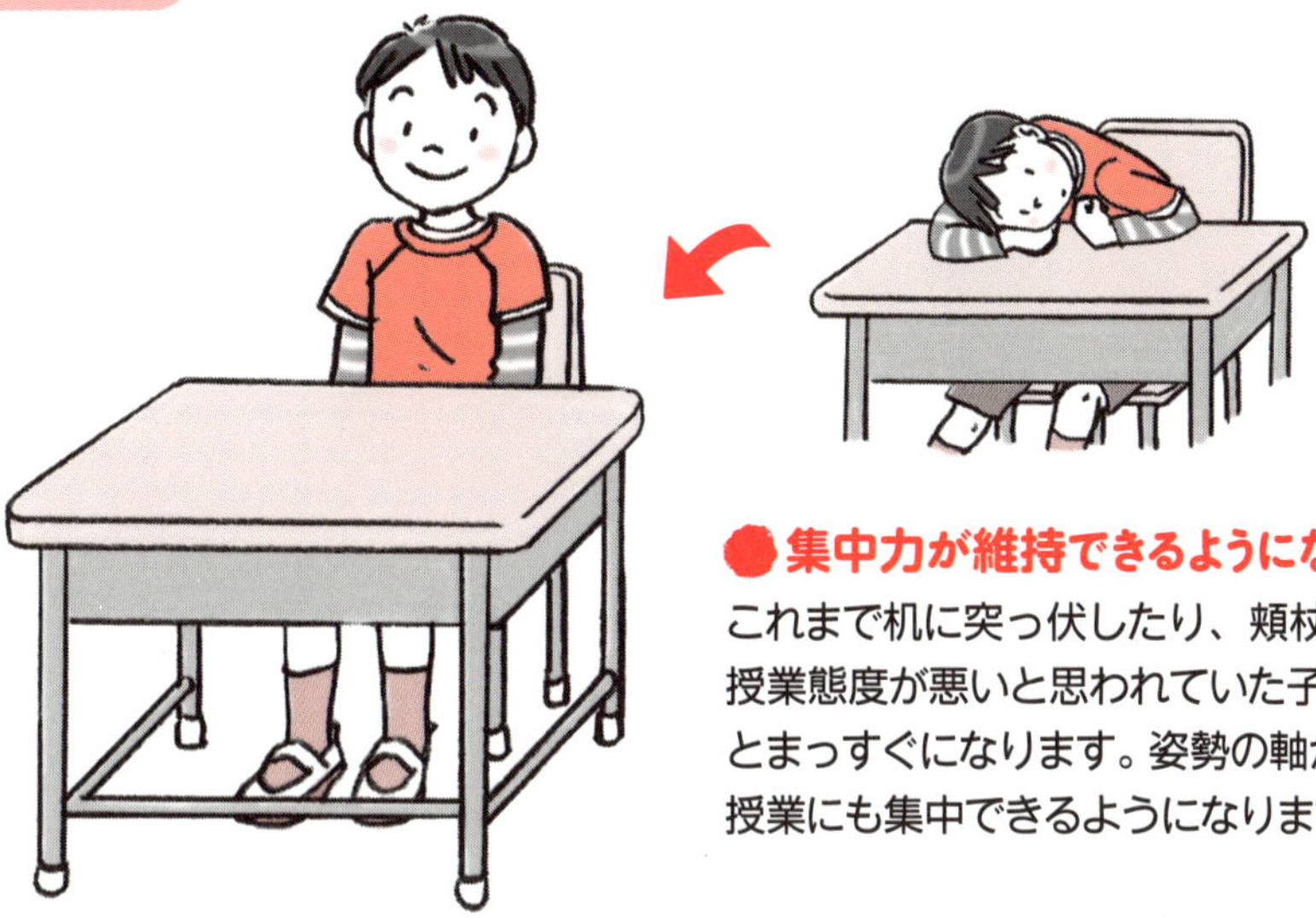

集中力が維持できるようになる

これまで机に突っ伏したり、頬杖をついたりして、授業態度が悪いと思われていた子どもが、しゃんとまっすぐになります。姿勢の軸が保てることで、授業にも集中できるようになります。

右手と左手を連動させた作業ができるようになる

例えば、左手で紙を持って右手でハサミを持って切る、左手で紙を押さえて絵を描くなどのためには、目や手の左右を使い分けながら、連携させて使う（分離・協応動作ができる）ことが必要です。これらも正中線*が育ってはじめてできることです。

プールの飛び込みがキレイになる

姿勢の崩れに加えて、重力不安*もある場合、飛び込みが苦手な子も多くいます。姿勢の軸ができると、頭から飛び込みができるようになります。

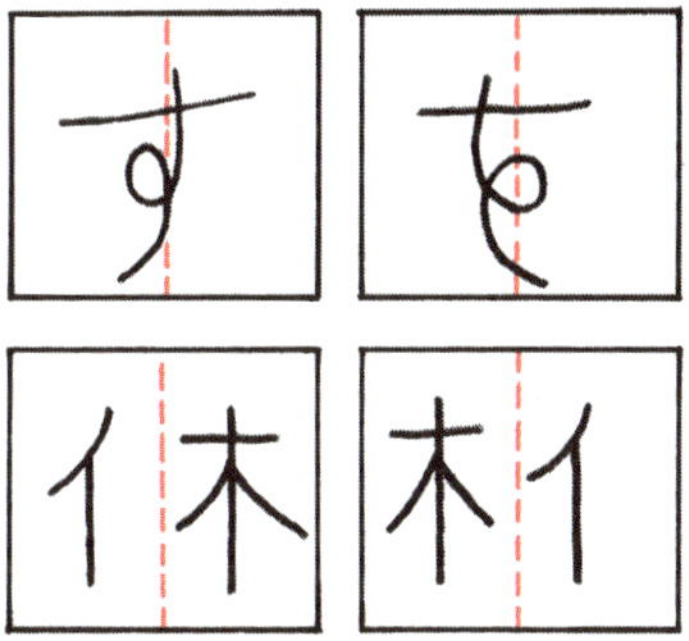

鏡文字に気づく

正中線が育っていないと、右と左の区別がつきにくく、文字が鏡文字になることがあります。また、漢字のつくりと偏を間違うこともあります。文字の間違いが多い子は、バランス感覚を育てることで、鏡文字も正しくなることがあります。

＊重力不安…23ページ参照、＊正中線…22ページ参照

育つ力❷
多動がおさまる

多動の原因に、バランス感覚を受け止める脳の回路にトラブルがあり、感じ方が鈍くなっている場合があります。すると、脳は足りない刺激を求める「自己刺激行動」を作り出します。〝感じた〟という反応が出るまでより高く、大きく、たくさんの揺れ刺激を入れるのがコツです。

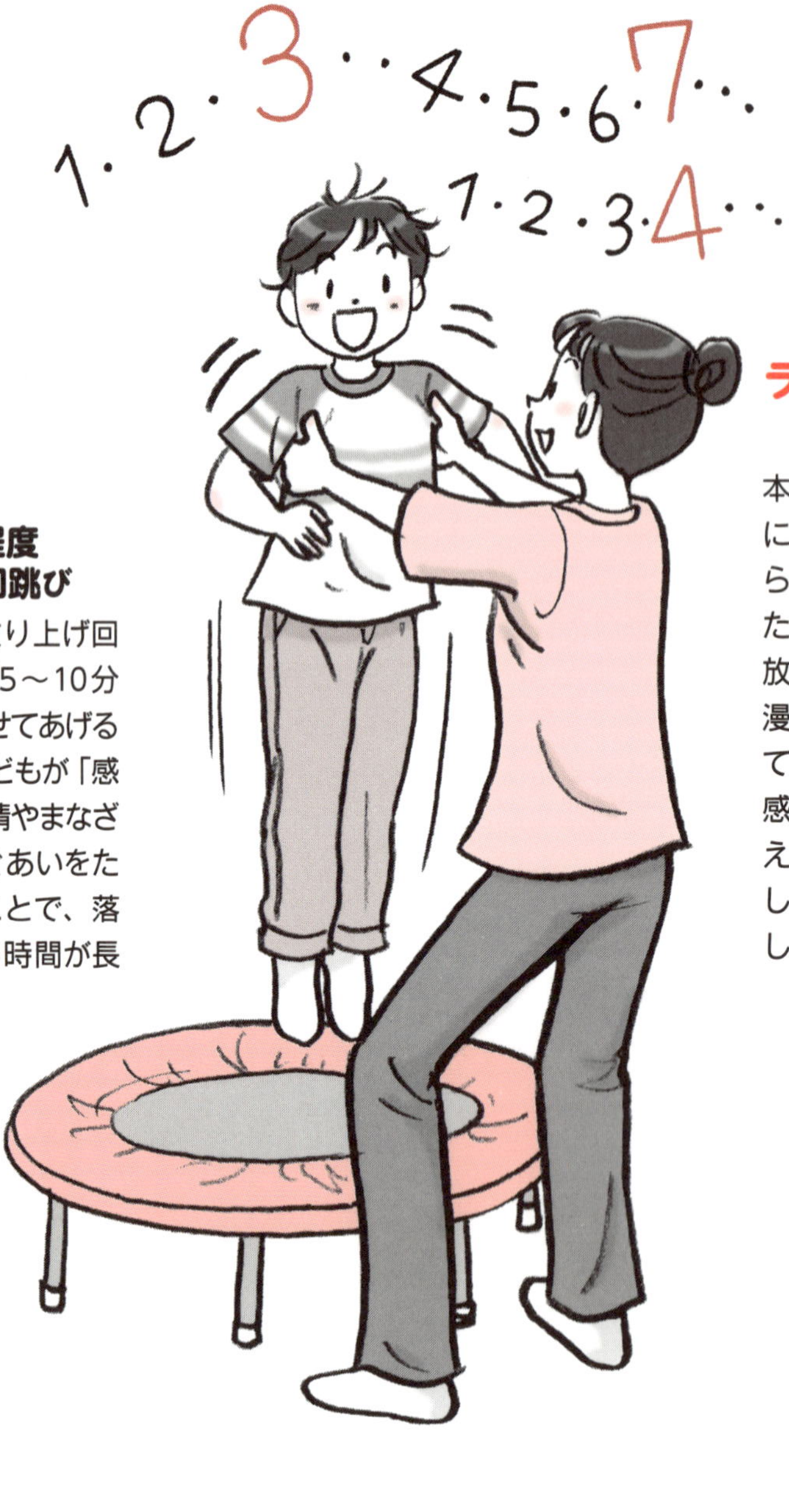

5〜10分程度 もしくは100回跳び

介助ジャンプで放り上げ回数100回くらい（5〜10分程度）ジャンプさせてあげると効果的です。子どもが「感じた！」という表情やまなざし、姿勢の調整ぐあいをたくさん引き出すことで、落ち着いて過ごせる時間が長くなります。

ランダムな放り上げジャンプ

本人のジャンプ（上下揺れ）に合わせて、手を添えながら「姿勢の軸が整ったと感じた瞬間」に、高く垂直方向に放り上げます。

漫然と一定の高さで跳ばせていると、「慣れ」が生じて、感じ方の鈍さが増幅し、かえって状態像を悪化させてしまうことがあるので注意しましょう。

育つ力❸
リズム感が育つ

多動のケアのランダム跳びに対して、リズム感を育てたい場合には、「1、2の3」の3拍子や、「1、2、3、4」の4拍子など、一定のリズムに合わせて高く跳ぶようにします。

1・2・1・2・・1・・2・・

［2拍子リズム］

1・2・3・・1・2・3・・

［3拍子リズム］

1・2・3・4・1・2・3・4

［4拍子リズム］

リズム感が育つと

縄跳びや楽器演奏のリズム感が育つ

リズム感がないと、音楽やダンスなどが苦手になるだけでなく、大縄跳びに入るタイミングがつかめないなど、苦手なことが増えます。トランポリンは一定のリズムが刻めるので、体の動きに合わせて、リズム感を身につけられます。

育つ力❹
眼球運動の改善

発達が気になる子は眼球運動の発達に偏りがある場合があります。眼球運動が遅い子は、キャッチボールなどの運動が苦手なだけでなく、板書についていけなかったり、文字の読みとばしがあったり学習面にも影響があります。眼球運動は後述の回転椅子でも改善できます。

タンバリンでジャンプ

子どもには「できるだけ高く」跳んでもらいながら、タンバリンを叩きます。上下方向の「バランス感覚」を脳が感じ取り、スイッチが入ることで、上下の眼球運動がスムーズになる効果があります。

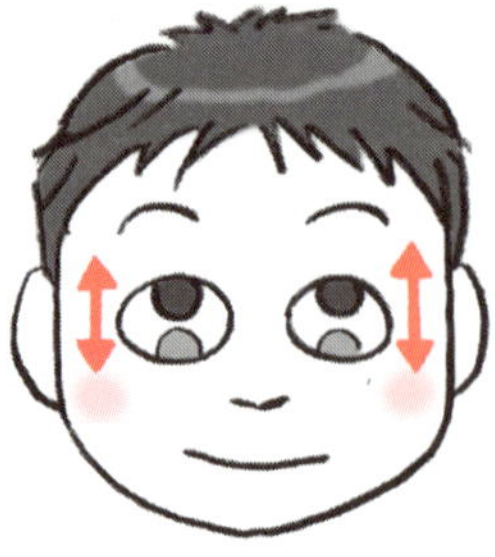

眼球の動きを促す

その場で眼球を動かすトレーニングもありますが、ただのトレーニングより、トランポリンなどで楽しく遊びながらできるほうが、子どもにはおすすめです。

テレビを見ながらジャンプ

朝に行うなら、登校前に子どもが好きな番組を見てもよいことを条件にして、背後からジャンプを補助してもいいでしょう。

眼球運動が改善すると

● 文章が読みやすくなる

行を読みとばしたり、同じ行を何度も読んだり、文末まで目で追えず、文章を読めなかった子が、文章を読みやすくなります。

● 板書についていけるようになる

これまで、ノートに書き写すのが遅くて、板書についていけなかった子が、追いつけるスピードが速くなります。

親子遊びをする時の注意点

親子でトランポリンをする時は、子どもが自分で跳んでいた高さより1.5倍〜2倍は高く跳んで、より大きなバランス感覚への刺激を入れることが大切です。大人は腰を傷めないように気をつけ、支えやすい姿勢をとります。

子どもの脇の下を支える

子どもの脇の下に手を添えて跳ばせてあげましょう。

腰に負担をかけない

子どもを持ち上げる大人は、前傾姿勢になると、腰に負担がかかります。トランポリンをまたぐようにして腰は伸ばしたまま、膝を曲げて立つように心がけて下さい。

子どもの背筋が伸びている

上半身をしっかり支えて真上に持ち上げることで、腰が折れ曲がらず、背筋がまっすぐ伸びるようにします。

真ん中に着地させる

はじめのチェックで、着地点がぶれていた子も、トランポリンの真ん中に着地できるように、真上に放り上げるようにします。

背後からでも同じです

眼球運動の改善のトレーニングは、子どもを背後から支えますが、その際も脇の下を支えます。いずれも介助する親の腰に負担がかからないようにします。

介助をしても疲れないコツ

子どもが跳ぶリズムに合わせて勢いをつければOK

介助するときには、子どもがトランポリンで跳ぶリズムに合わせて、体が上がったときに、少しだけ上に放り上げるように加速します。体重を持ち上げようとすると、大人のほうが先にヘトヘトになります。リズムに合わせるコツさえつかめば簡単です。

NG 間違った介助や遊び方

手を持っても、手に力が入っておらず、支えにならないことがしばしばあります。しっかり脇の下で支えて、本人のジャンプのリズムにシンクロさせて、自力ジャンプより高く放り上げることが大切です。

重い荷物を持ち上げるときと同じで、前傾姿勢で子どもを抱き上げようとすると、腰を痛める原因になります。すでに腰痛がある人は、ほかの「親子遊び」にかえましょう。

または

片足をトランポリンの上に乗せる姿勢も腰への負担を軽減できます。

漫然とひとりで跳ぶだけでは効果は出ません。必ず大人が介助して、ここまで紹介してきたようなジャンプをさせます。

親子遊び 2 バランス感覚の回路を活性化

回転椅子

Tちゃん

Bくん

Aくん

Lちゃん

トランポリンが上下方向のバランス感覚遊びだったのに対して、回転椅子は水平方向の回転刺激を用いた遊びです。
回転椅子は、多動がおさまる効果はトランポリンと共通で、より眼球運動の発達を促しやすい遊びです。

親子遊びの注意点

パソコンチェアなど、回転できる椅子を用意します。回転の勢いで落ちないように、肘掛けがある椅子にします。また、トランポリンとの違いは、「船酔い症状」が出やすいことです。子どもの表情やまなざし、しぐさを読み取りながら行います。

右回り、左回りと回転方向を変える

同じ方向に回り続けていると、気持ちが悪くなることがあるので注意します。その際は、数回ずつ左右にランダムに回すとよいでしょう。

車輪は外すかテープで固定する

じゅうたんの上など滑りにくい場所でやります。キャスターが外せるなら外し、粘着テープで固定してください。

子どもの「感じた!」という反応が出るまで続けて回す

（詳しくは次ページ）。

椅子の回転軸と子どもの背筋を一致させる

子どもは落ちないように椅子の背もたれを持ち、椅子の中央に座るようにします。

必ず子どもの表情を観察しながら行います

バランス感覚の感じ方が鈍い子どもたちなので、真顔から笑顔が出たら、「やっと感じた」のサイン。その後に真顔に戻ったり、生あくびが出たら気持ち悪くなりかけているサイン。いったん止めて続けるかどうかを本人に確認します。咳《せき》払いが出るときは、嘔吐の直前が多いので、降ろして様子をみましょう。嘔吐するまで気持ちが悪い体験をすると、後が続かないので注意します。

嘔吐・船酔い状態
危険
確認
OK
すぐにストップ
本人の意志を確認
※刺激が足りないか船酔い症状の出はじめ
咳払い
生あくび
真顔
笑顔

回している最中に「眼振」が出はじめる

バランス感覚の回路と眼球運動の回路は密接につながっていて、回転刺激が入ると、黒目が左右にピクピク動く「眼振《がんしん》」が見られます。眼球運動が苦手な子は、この回路のつながりが悪いことが多いので、回し終えた瞬間に「眼振」が認められる程度の回し方（スピードや回数）を続けていきましょう。

はじめに姿勢調節回路の反応からチェック

回転を繰り返して、バランス感覚に刺激が入ると、ぐらっとした体を元に戻そうとする姿勢調整回路にスイッチが入ります。

笑顔である

回転を続けていると、「この刺激がほしかった！」という笑顔が出ます。感じ方が鈍い子や、多動が激しい子は、50回以上回しても「もっと！」と喜ぶことがあります。

ほどよいのは感じた以上、苦痛未満

〝感じた〟という「表情」や「まなざし」「姿勢」を読み取りながら行ってください。

※「感じた!」という反応が出ないところで、漫然と回し続けていると「慣れ」が生じて、感じ方の鈍さを増幅させることがあります。その結果、かえって状態像を悪化させてしまいかねません。

育つ力❶

多動がおさまる

多動になる背景のひとつに、バランス感覚の情報を受け止める脳の回路がつながりにくい状態=「感じ方の鈍さ」が原因とであることが多くあります。その結果、脳は動き回ることによって感覚情報の不足分を補う行動を作り出します。これが「自己刺激行動」としての多動です。

「ジェットコースター効果」をねらう

「ジェットコースター効果」とは、強く変化の激しい感覚情報によって、脳の活動性が高まる状態のことを言います。42ページにあるように速いスピードでランダムに左右に回していくことがポイントです。

「わー、感じた!」反応と回転後の眼振が見られること

回してあげている最中に「感じた！」という表情やまなざしが出るような回し方を工夫してみてください。回し終わった瞬間に黒目が左右に揺れている（眼振）反応が見られることも大切です。

NG 一方向だと効果が減り嘔吐だけ誘発することも

多動の改善をねらうとき、ゆっくりとした回転刺激では効果は期待しづらいものです。しかし、一方向に何十回転も回し続けると、船酔い症状が出ることがあります。そうならないためにも、回す方向を適宜切り替えていく工夫が大切です。

自分だけでやると自己刺激行動を続けているだけに

子どもが自分で回転するだけでは、ふだんの「自己刺激行動」の延長になりかねません。大人が介助して、スピードを変えたり、回転方向を変えたりしていくことで効果が期待できます。

多動がおさまると

衝動的にあちこち動き回っていた子が、じっとできるようになると、
学校生活でのトラブルも軽減されます。

勝手に離席することがなくなり着席できる

注意散漫で、すぐに席を立っていた子も、じっと着席できるようになります。「ジェットコースター効果」は脳の活動性が高まるので、集中力アップにつながることが期待できます。

集中力がアップする

姿勢がよくなり、席に着く時間が増えると、先生の話も落ち着いて聞けるようになるので、授業などの学習場面に集中して取り組むことも増えていきます。

不安定なところを怖がらなくなる

これは「バランス感覚の感じ方の鈍さ」とは逆に、ちょっとした揺れや回転刺激に「過剰反応」が出ている状態で、「姿勢不安」や「重力不安」と呼ばれます。

回転椅子はゆっくりと、1～2回転ずつ左右に回していきます。「こわい！」の反応を出さないように少しずつスピードを速くしていくのがコツになります。

ひとりの子どもに「多動」と「姿勢不安・重力不安」が混在することも多く見られます。

育つ力❷
眼球運動の改善

バランス感覚という入力情報は姿勢調節のための出力回路だけでなく、目を動かす運動回路にもスイッチを入れてくれます。その原理を活用することで、「眼球運動」が必要となる、読み書き・計算や動作の改善をはかることができます。

回転的あてゲーム

ターゲット（的《まと》やカゴ）を動かすと「目で追う」ことができずシュートを失敗してしまうスピードでも、ターゲットを固定して体を動かす（回る）と、「しっかりと目で追い」シュートができたりします。使う道具は、「ダーツ」でも「輪投げ」でも「バスケット」でも「ハイタッチ」でも、子どもが興味を持つものでかまいません。

木	水	右	左
日	目	午	牛
入	人	体	休

何の字かな?

子どもが間違いやすい字をボードに書き、回しながら見せて、何の字だったか聞いてみましょう。読み間違い、読みとばしが多い子も、眼球の動きがよくなれば、上手に読むようになります。

眼球運動が未発達なために、運筆を目で追うことが苦手な子は「パッと見で漢字を読んでしまう」ことがあります。そのため、よく似た形の漢字と読み間違えることがあります。眼球運動を改善すると、字の全体像をつかみやすくなります。

公園のブランコでも

公園のブランコでも同じようなことができます。ブランコをこいでいる子どものそばで、絵や文字を見せて、何が書いてあるかあてさせます。何もないときは、指を立てて「何本でしょう?」とあてるのでもいいですね。

眼球運動が改善すると

目の動きが悪い子は、運動だけでなく、学習面や友達関係でも、
苦手を抱えることがあります。眼球運動が改善すると、苦手を減らせます。

点線の後なぞりができるようになる

目の動きが悪い子は、点線のつながり（線分の連続性理解）がわからず、文字の書き方の習得が難しいことがあります。眼球運動は線分の連続性の理解を促し、書字の学習の基礎となります。

学習障害の子は

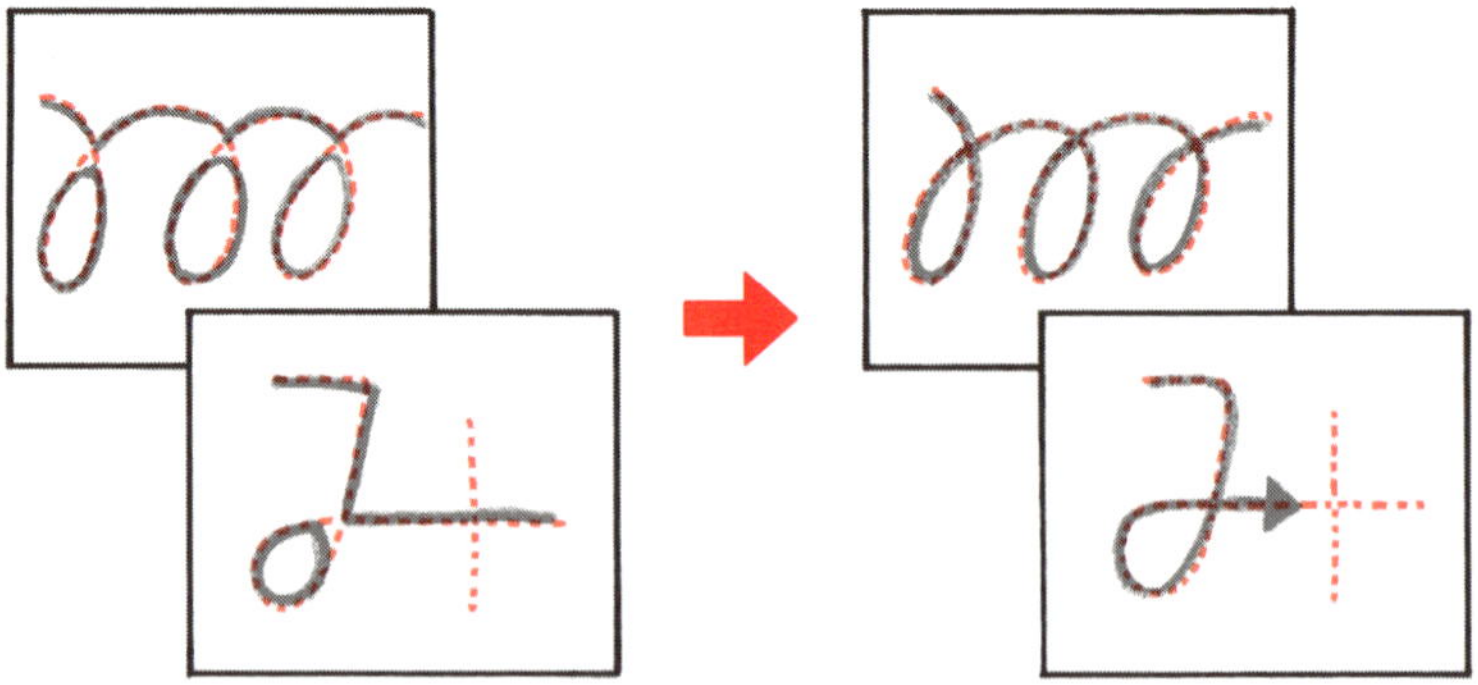

点と点が切れて見えるため、交差したときに、どちらに進むかわからない。

点線のつながりがわかるようになってはじめて、文字の書き方を習得できます。

読みとばしが減り、書き取りもできる

点線の後なぞりと同様に、眼球運動が改善すると、同じ行の二度読みや読みとばしが減り、教科書の理解も深まります。また、板書写しが苦手だった子も、間違いが減り、全体的な学習の理解も深まります。眼球運動は読字の学習の基礎に必要です。

学習障害と眼球運動の関係

学習障害は数や言語などを司《つかさど》る脳自体が機能不全を起こしているケースが多いのですが、眼球運動の未発達が大きな引き金となることもあります。眼球運動だけですべて改善できるわけではありませんが、読み書きや数の学習の基本に「目を動かす機能」が必要なことは知っておいてください。

数唱と指さし動作が一致する

数唱に合わせて指さし動作をするとき、目の動きのコントロールが苦手な子は、数唱と指さし動作がずれてしまうことが多く見られます。眼球運動は数の学習の基礎になります。

目つきの悪さが改善する

目の動きが悪いと、微妙な黒目の動かし方ができず、目の向きを一方に固定してしまいがちになり、目つきが悪く見えることがあります。なめらかな眼球運動になると、やわらかい目の表情になることがよくあります。

キャッチボールができる

動きの速いものを目で追うことができるようになると、キャッチボールやドッジボールなども楽しめるようになります。ボールを目で追うのが苦手だと、球技、なかでも小さなボールの球技（卓球やテニス、野球など）が苦手になりやすい場合があります。

周辺視遊びが減る

自閉的傾向のある子は、手のひらを上にかざしてひらひらさせたり、寝そべって車や電車のおもちゃを動かして遊ぶ姿が見られます。これらは「周辺視」という目の使い方の崩れから生じることで、眼球運動が発達すると、改善されやすいものです。

その場の空気の読み取りが上手になる

人とのコミュニケーションでは、相手の顔色や、目の動きなどの表情を瞬時に読み取ることが必要です。眼球運動を改善すると、まわりの人の動きやまなざし、表情の変化に気づきやすくなる＝その場の空気の読み取りが上手になる場合があります。

アスペルガーと眼球運動の関係

アスペルガー症候群の特性を持ちながら、目の動きも苦手だと、アスペルガー特性が増幅することがあります。「コミュニケーションスキル」を育てる遊びと合わせて、眼球運動を改善すると、〝言葉以外の情報〟を読み取りやすくなります。

触覚の回路を活性化

タッチ遊び

Tちゃん

Bくん

Aくん

Lちゃん

対人関係や共感性の発達につまずきがある子どもたちには、おおむね「触覚」の過敏さ（触覚防衛）や、鈍感さがみられます。これは時に、ひとりの子どもに共存します。加えて、不器用さや落ち着きのなさ、衝動性も出てきやすいものです。ここでは、そのような子どもたちの触覚の使い方を整えていきます。

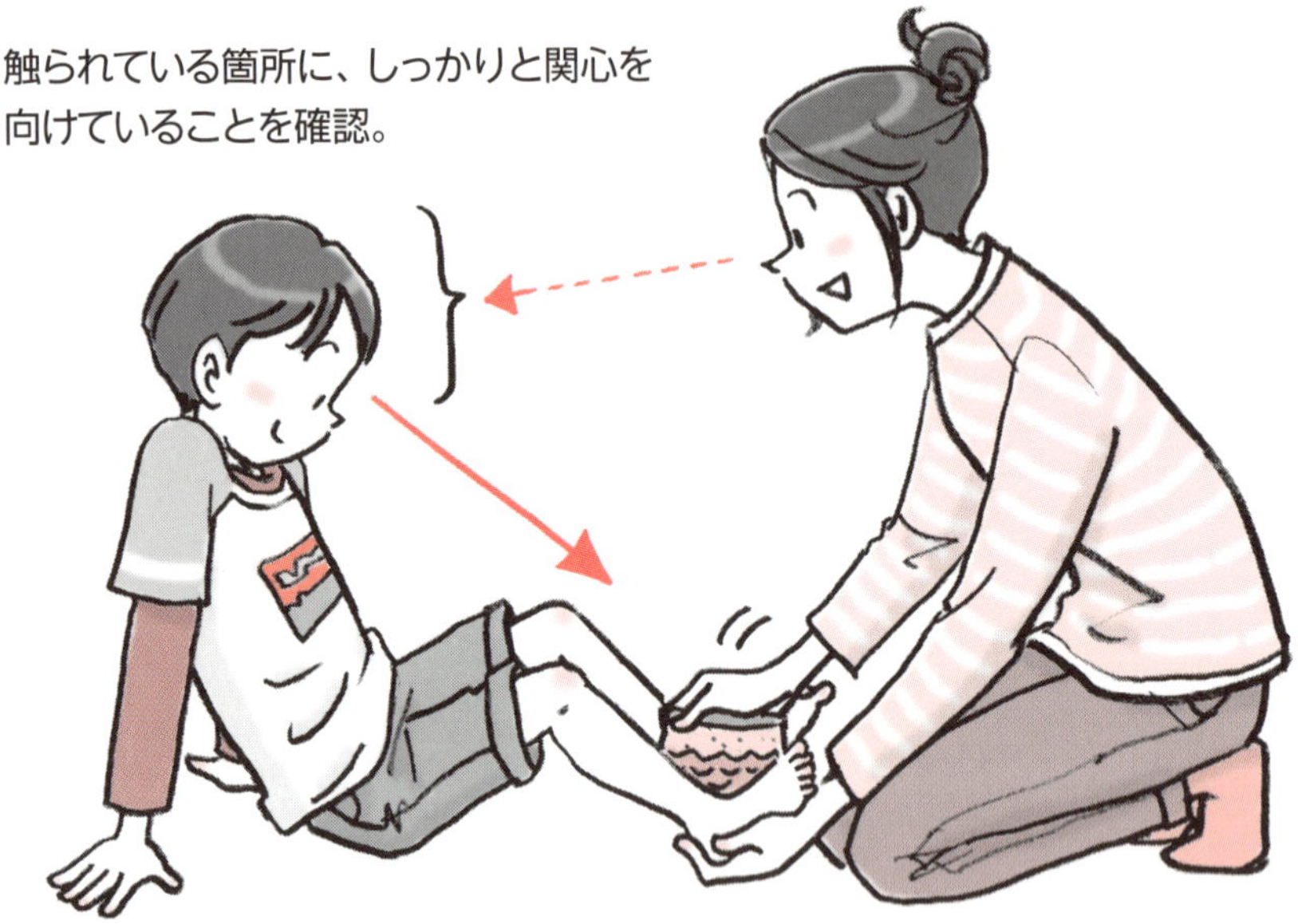
触られている箇所に、しっかりと関心を向けていることを確認。

触られている部位に注意を持続的に向ける

スポンジを使って全身をタッチします。「ここを触られている」と、子どもの注意・関心が向いていることを確認します。見ていなくても、表情やまなざしから読み取ります。注意・関心がそれたら、場所をずらしたり、強く触るなどして、関心を引き出してください。30秒以上は注意を向け続けられることがポイントです。

※感じにくい所は、金タワシやブラシなど、触り心地のはっきりしたものに変えてタッチします。

第二次性徴が始まるころになったら、全身くまなくのタッチ遊びは同性の親が行うようにしましょう。

タッチ遊びのチャンス

毎日のおふろのときがチャンスです。ただし、本人にとっては、自分の注意の向けどころをコントロールされるので、1回せいぜい5分程度にして、〝注意を向けてくれた時間〟を延ばしていきましょう。全身くまなくタッチしていくのに、約1カ月かかるぐらいのつもりで取り組みましょう。

帽子のあごひもが苦手

帽子についているあごひもをつけるのが苦手な子には、触らせてくれやすいほっぺあたりから始めて、徐々に首すじへのタッチ遊びをしていきましょう。

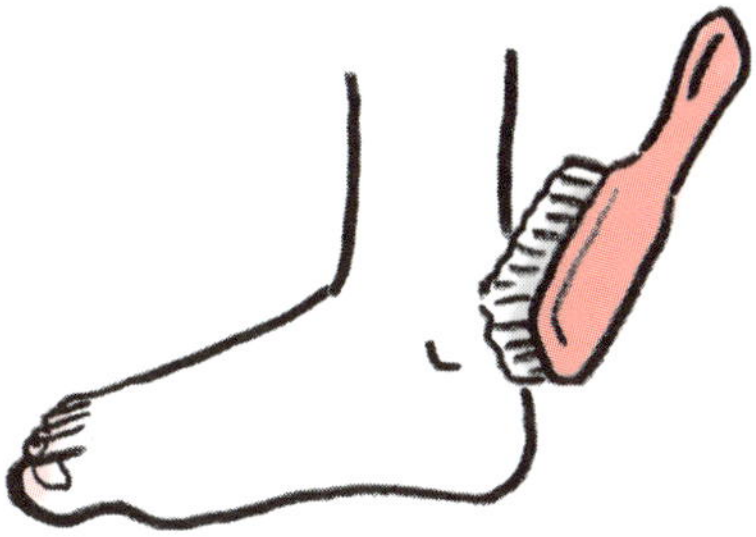

手袋、靴下が苦手

手袋や靴下を履きたがらない子には、布地があたる手足の部位を中心にタッチ遊びをしていきます。

タートルネックが苦手

タートルネックやマフラー、えりのタグが苦手な子には、肩あたりから始めて、首すじやうなじにかけてのタッチ遊びが有効です。

タッチ遊びのポイント

広い面積を均等な圧力でタッチします。触らせている時間ではなく、注意を向けている時間を、30秒以上、できれば1分程度引き出すことが大切です。

触れると嫌がる部位を部分的にタッチ遊び

小さいころに、散髪や爪切り、歯磨きなどを極端に嫌がった子は「触覚防衛反応」を引きずっている場合がほとんどです。極端な拒否が出なくなっているとしても、苦手な場合は、部分的なタッチから始めます。爪切りなら刃の部分をまず手のひらにつけてみる。次に、少し指先に近づける。耳あか取りなら、耳かき棒を手から腕、肩、首、頬と少しずつ苦手な場所に近づけながらタッチするのを、半年から１年ほどかけて行うことで、克服できることがあります。

育つ力❶

触覚防衛反応の改善

触覚防衛反応があると、幼少期は親子関係（特に愛着形成）で問題を抱え、学齢期には、集団での活動や友達関係でのトラブルが生じやすくなります。タッチ遊びで「適応力」の回復をはかりましょう。

偏食が減る

口の中の触覚防衛は、歯磨きをしてもらうのを嫌がったり、何でも口に入れる行動を作り出します。また、食べものの舌触りや、歯触りで拒否反応が出てしまい、偏食になりやすいのです。これが改善されると、口に入れる食材の種類が広がり、偏食が少なくなっていきます。

人との共感性が回復する

自分からは一方的に関わっていくのに、人からの身体接触は嫌がるのも触角防衛の症状のひとつです。これが改善されることで、人との共感的な関係作りが育っていきます。

注意の集中、持続がよくなる

触覚防衛反応が残っている脳は、必要な感覚情報を識別するのが苦手で、余計な感覚情報（たとえば隣のクラスの声など）が気になって集中できないことがあります。タッチ遊びで「関心を向け続ける」力を育てることが、集中力の回復につながります。

育つ力❷ ボディイメージが育つ

ボディイメージは下図のとおり「自分の体の実感」です。触覚をテーマにしたタッチ遊び以外にも、親子遊び1.2.5.6などの固有覚やバランス感覚の遊びもあわせて行うことで、ボディイメージが育ちます。

ボディイメージとは

自分の「体の輪郭やサイズ」「力の入れ加減」「部位の位置」「曲げ伸ばしの状態」「体の傾き具合、姿勢」などからわかる、自分の体の実感のこと。ボディイメージは自分の体の隅々に意識が向くことで育ちます。

全身の「触覚」で、自分の体や手足の輪郭やサイズ、部位の位置関係がわかる。

「バランス感覚」の情報から、自分の体が動いている速さや、傾き加減、姿勢がわかる。

「固有覚」の情報から、自分の体や手足の力の入れ加減や曲げ伸ばしの状態、運動状態がわかる。

身のこなしが上手になる

友達を押しのけてトラブルになる子は

目の前に気になる物があると、周りに気配りできず突進していく要因のひとつに、ボディイメージが未発達であることがあげられます。不注意や痛みに鈍感であることも関係しますが、タッチ遊びは、これらのすべてに効果があります。

あちこちに体をぶつける子は

教室で入り口に肩をぶつけたり、机に腰をぶつけたり、しゃがんで起き上がるときに、頭を机にぶつけたりする子にも、ボディイメージを育てることで、これらの失敗を減らしていくことができます。

図形・文字描きタッチ遊び

できれば素肌で

厚着のままだと、皮膚の触覚まで刺激が届かないので、薄着になって始めます。できれば素肌でやったほうがわかりやすいです。

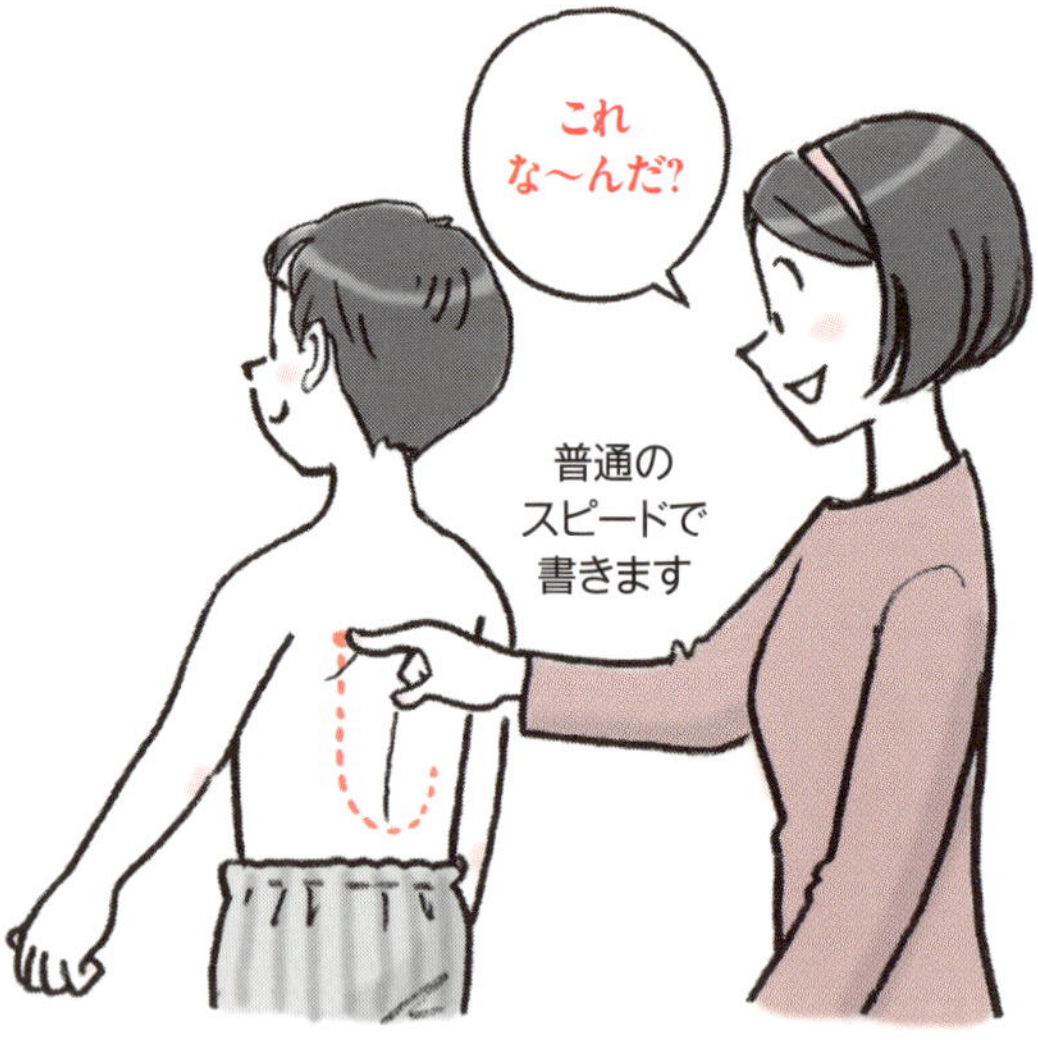
これ
な〜んだ?
普通の
スピードで
書きます
描くことは子どもが興味を持っていることでOK

背中だけでなく全身でやれば ボディイメージ作りにも

描かれている部位に注意を集中することから、全身のボディイメージ作りにも役立ちます。背中だけでなく、脇の下やふくらはぎ、二の腕など、目に見えないところに書いてあげましょう。

育つ力❸ 集中力アップ

注意の集中・持続は、対象に注意を向け「続ける」ことに加え、別の対象に注意を向け「変える」こともでき、もとの対象に注意を向け「戻す」という3つが必要です。ここでは、自分の体に直接入ってくる触覚を使いこなすことで、注意のコントロールのしかたを学びます。

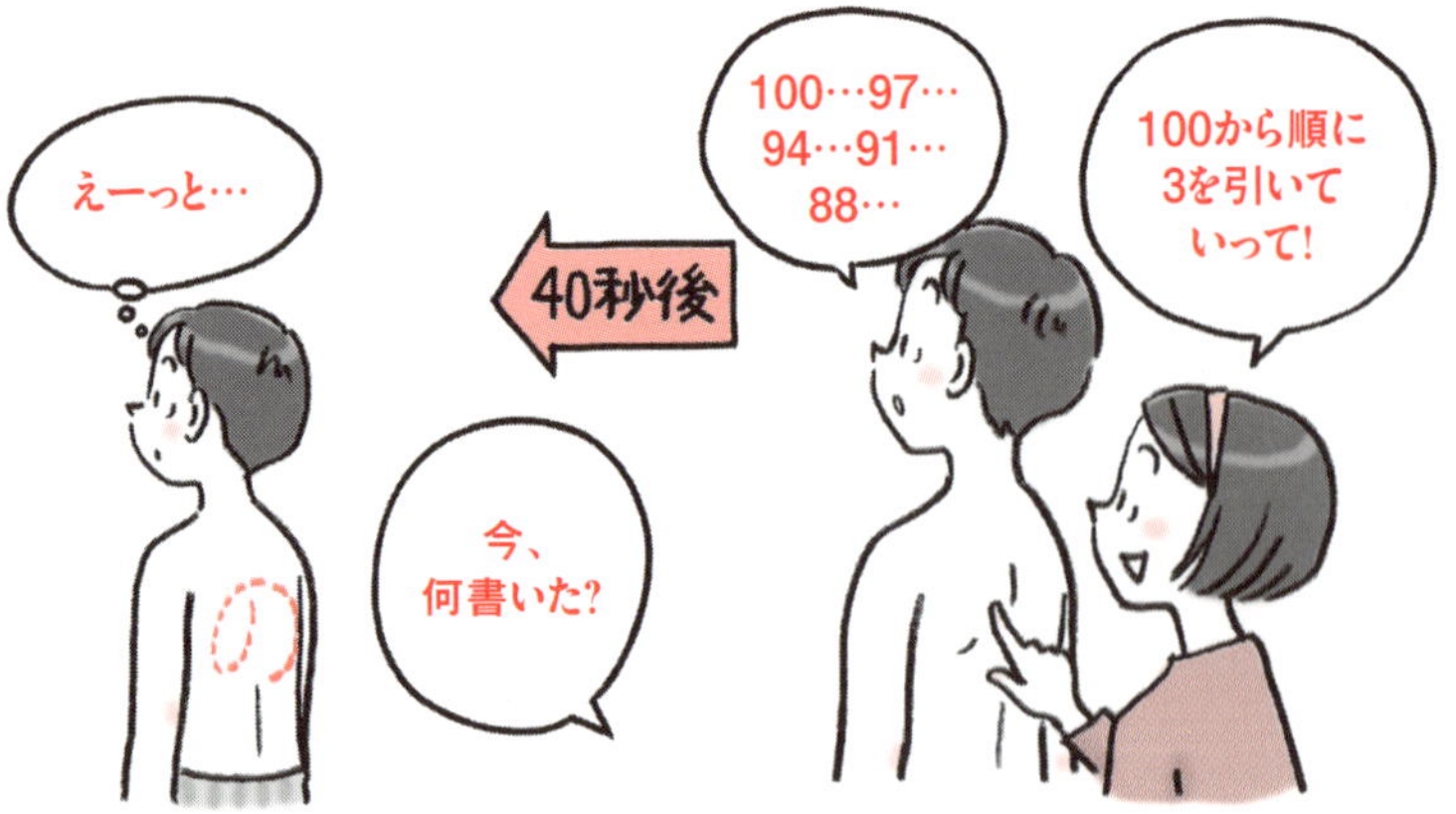
えーっと…
40秒後
100…97…
94…91…
88…
100から順に
3を引いて
いって!
今、
何書いた?
周囲に気が散りやすいものを置いてみたり、計算の途中で話しかけたりしてみます。

ゆ〜っくり
1文字をゆっくりゆっくり30秒くらいかけて書きます。その時間を少しずつ長くして、注意を集中持続できる時間を長くしていきます。

育つ力❹
空間認知能力

「自分の体」に描かれた図形や文字を頭の中でイメージし、
向きを回転させていく遊びを通して、
空間認知の機能を高めていくことができます。

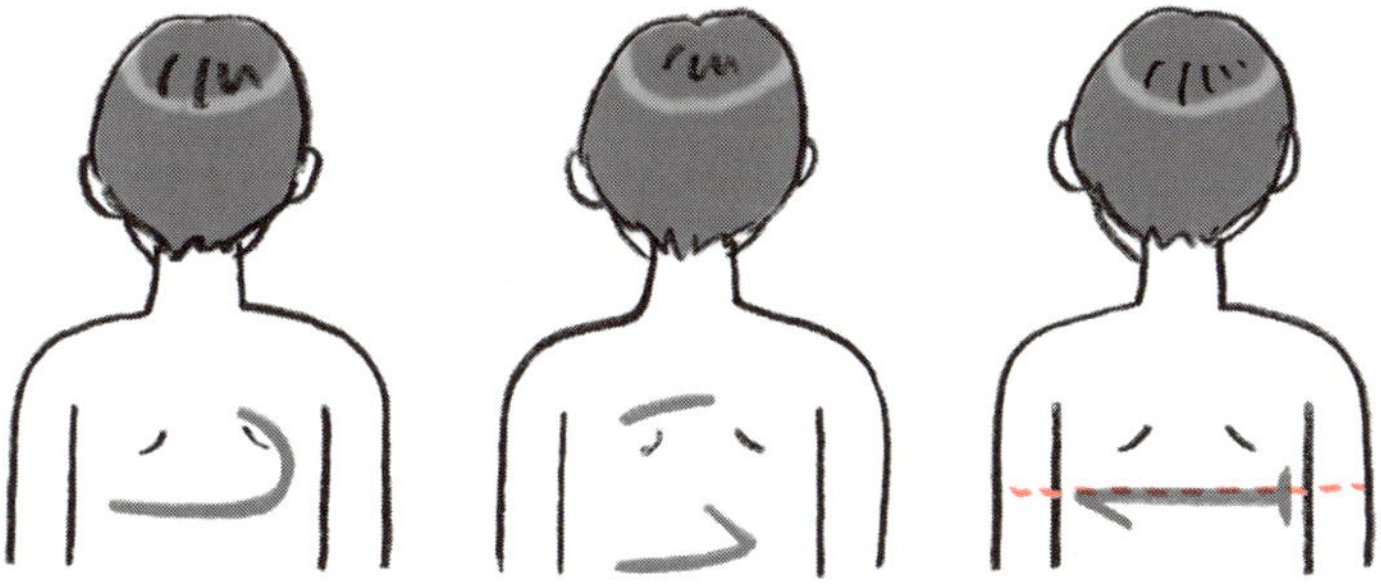

この遊びも、全身でやれば「ボディイメージ作り」となり、ゆっくりやれば「集中力アップ」につながります。

90°向きをかえて、数字の「1」を書きます。その向きを基準にひらがなや漢字を書いて、何を書いたかあてさせます。ここが理解しにくい場合は、三角形の上下の向きあてクイズから始めてみましょう。

はじめに

背中に数字の1を書き「1だよ」と教えます。これが文字を読むときの「中心軸」と「上下」の位置関係の基準になります。その後に間違えやすい「つ・し」「く・へ」「こ・い」などを1に合わせて書いてみます。

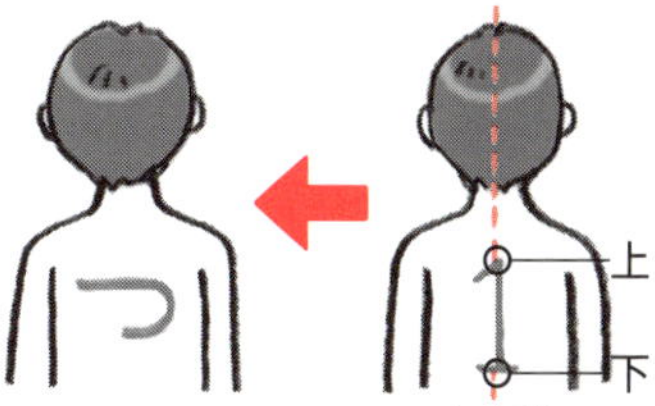

空間認知能力が育つと

図形問題が わかりやすくなる

頭の中で図形を回転させることで、合同形や相似形がわかりやすくなります。

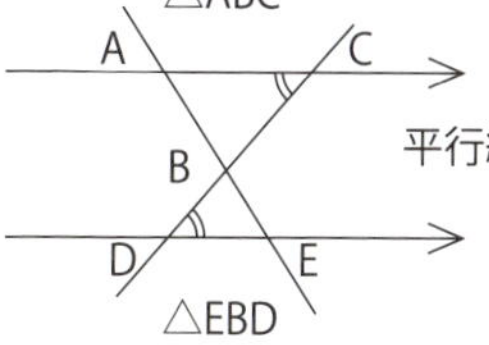

見取り図・展開図が わかりやすくなる

展開図からでも、立体のイメージがつきやすくなります。

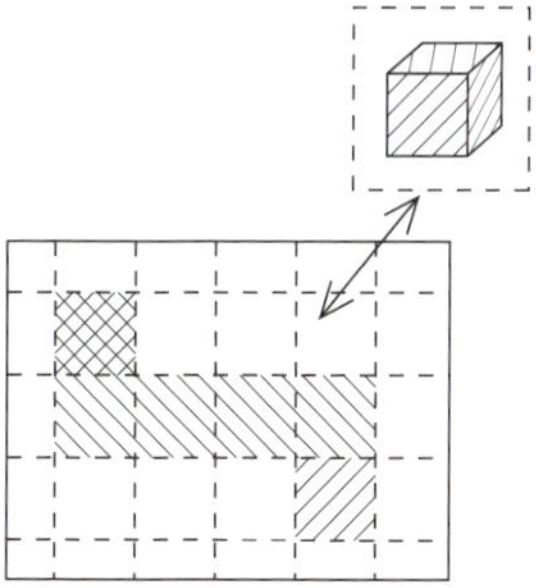

地図が 読めるようになる

頭の中で、駅や道の向きを回転させることで、現実の方向に地図を合わせて読めるようになります。

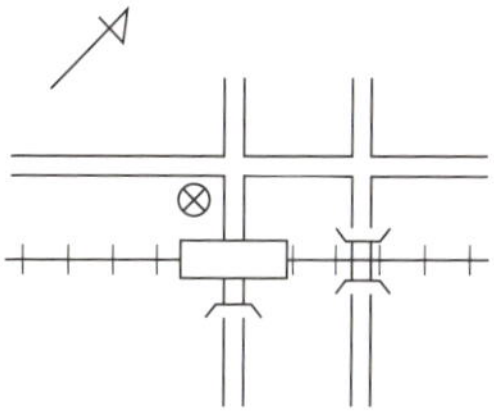

育つ力❺
字をきちんと書く力

字をきれいにするのにも、タッチ遊びが使えます。直接には見えない自分の背中をマス目に見たてながら、そこに描かれた図形を頭の中で思い浮かべることで（触覚表象機能のひとつ）文字のイメージが把握しやすくなります。

はじめに

背中の写真や絵を用意し、各部位にマークを付けます。まずは背中の6つのドットのどこをタッチされたかを正確にあてられることがスタートです。2点同時タッチがわかるようになったら、点つなぎの遊びへ移りましょう。

同時に2点をさす

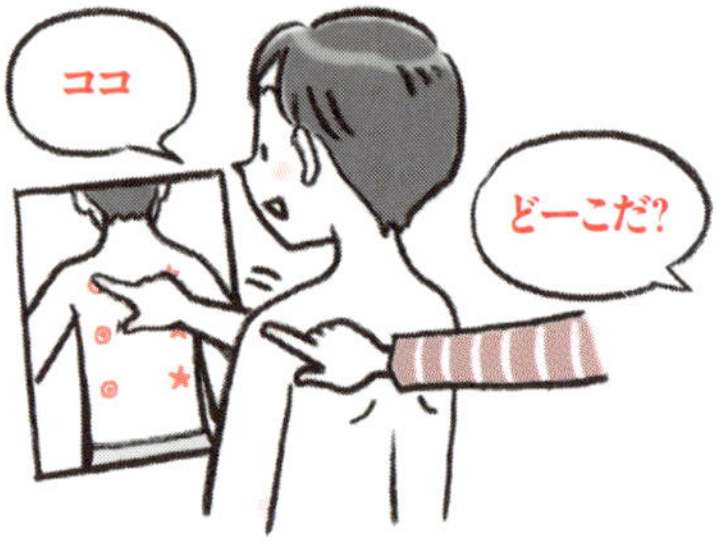

1点をさす

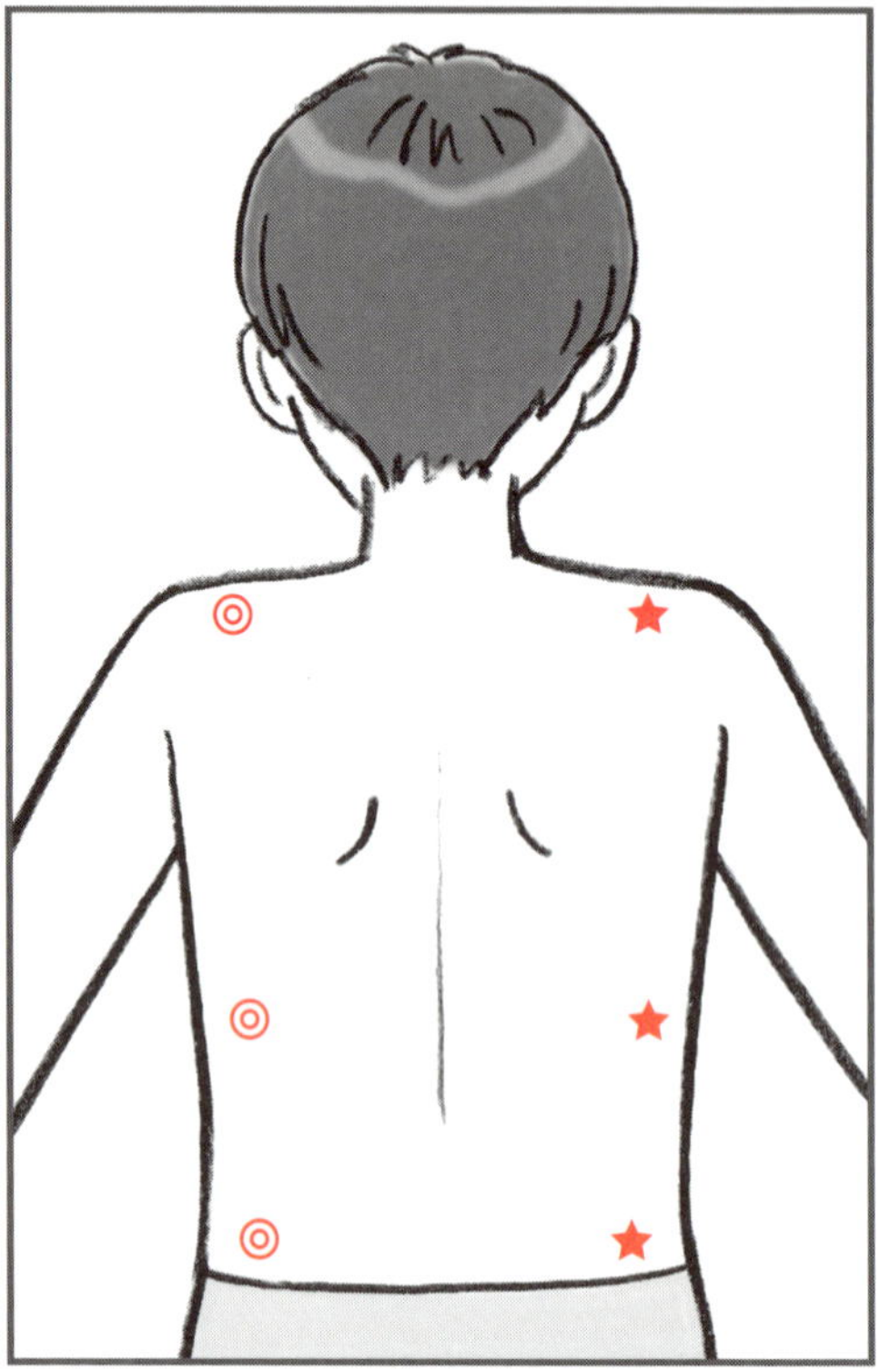

子どもの背中の写真をプリントしたり、左のイラストを使うといいでしょう。

書き順や字のバランスは視覚情報だけでなく、触覚情報も加えると頭に入りやすい。

※文字を覚えるときには、目で見てノートに書いたり、空に書いたりします。この視覚情報に、皮膚に感じる触覚情報を付け加えると、空間認知能力にもつながり、頭に入りやすくなります。

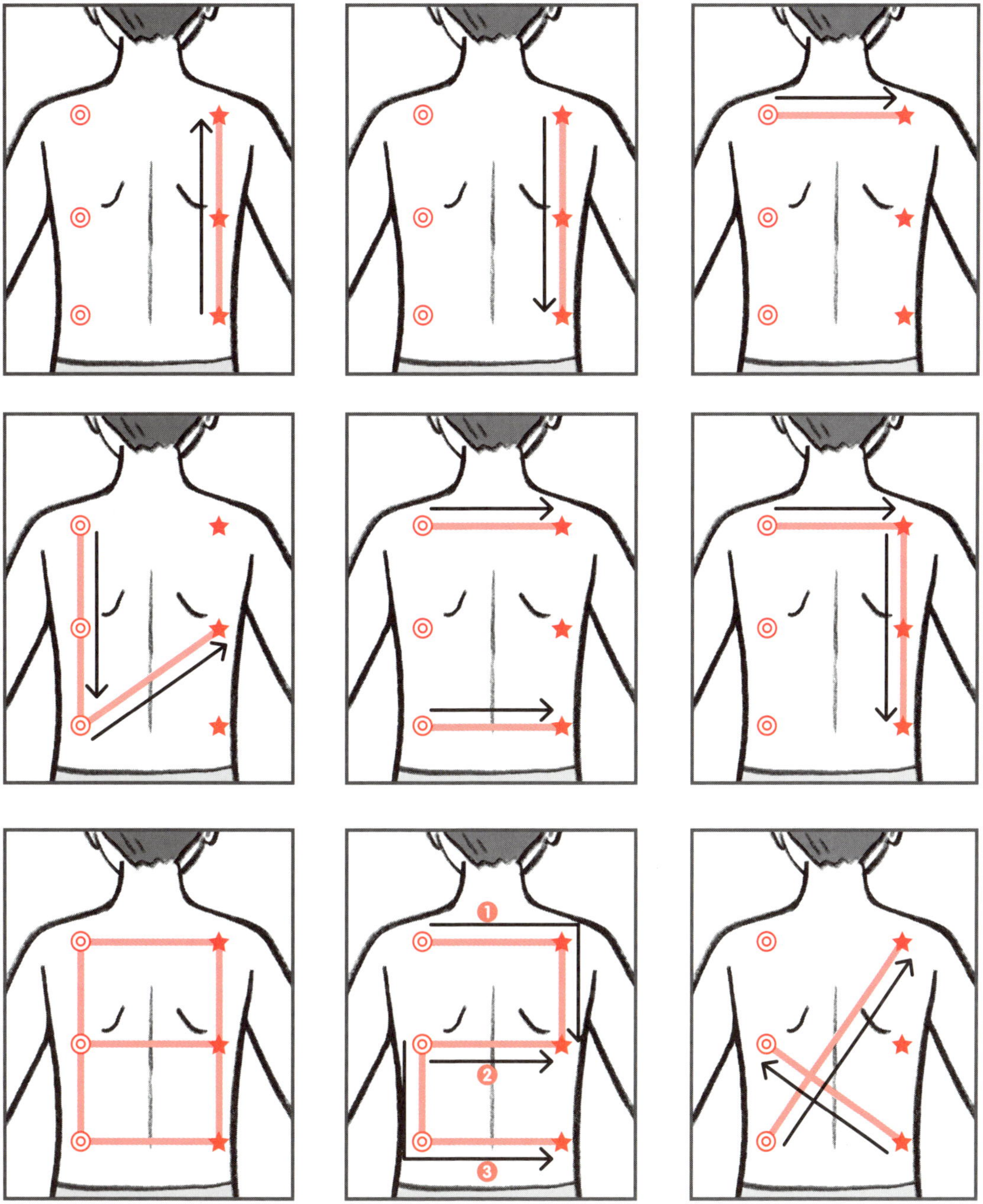

※6つのマークをつなげて、文字をあてる遊びもできます　※ななめが難しいときには、縦線か横線に戻ります

親子遊び 4 触覚の回路を活性化

手探りゲーム

Tちゃん

Bくん

Aくん

Lちゃん

袋の中にある物が何かをあてる「手探りゲーム」は、指先の器用さを育てる教材として、幼児教室などでもよく使われるものです。指先の触覚を意識的に使うことで、手先の器用さを養うほかにも、手元をよく見る力をつけたり、きれいな字を書くための基礎を育てていくことができます。

育つ力❶ 手元をよく見る力

うっすらと中身が見える袋で「手探りゲーム」を行います。手元を見ているほうが手探りで正解を出しやすいという経験そのものが、「目と手の協応」の学習になります。

洗濯ネットを重ねるなどして、編み目から少しだけ中身が見えるようにします。枚数を少しずつ増やし、見えにくくします。

（3枚重ね）

（2枚重ね）

（1枚のみ）

※袋の中には子どもが好きなものや、サンドペーパーのボード（次ページ）などを入れます。

手元をよく見るようになると…

● 文字の学習や器用さが育つ

手元をきちんと見ることができないと、点線の後なぞりができず、字が汚かったり、覚えられなかったりします。また、折り紙の折り方がズレていたり、工作が下手だったり、不器用さが目立ちます。1個ずつ指さしで数えることができず、数の学習が進まない子もいます。これらの苦手も、手元をよく見ることで改善されやすくなります。

育つ力❷

手の器用さ

次は見えない袋の中にある物をあてるゲームです。指先の触覚を頼りに、形や素材、大きさを「触り分け」たり「組み立て」たりすることがポイントです。「手の触覚」が器用な「手の動き」を導いてくれます。

袋の中に入れるものは、子どもが好きなものでOK

お気に入りのキャラクター

恐竜や動物などのミニチュア

電車や車などの乗り物のおもちゃなど

サンドペーパーを貼り形や文字あてをする

台紙とサンドペーパーで、オリジナルのボードを作ります。サンドペーパーを○や□、☆などの形に切って、台紙に貼って形をあてさせます。学習中の数字やひらがな、カタカナ、漢字のカードなども作ってみましょう。

モコモコペンも便利

線を書いて温めると、モコモコと膨らむ手芸用のペンを使って、ボードを作るのもひとつの方法です。サンドペーパーを切り抜くより簡単です。

片手で触っている物と同じ形の物を探す

片手で触れたブロックと同じ物を、もう片方の手で探り出します。ブロック以外にもキャラクター人形やミニチュアのおもちゃでもチャレンジしてみましょう。

サンプルを参考に袋の中で組み立て遊び

見本のブロックを見て、バラバラで入っている袋の中のブロックを組み立てます。ブロックの数を増やして、形を変えると、どんどん難しくなります。うっすらと中身が見える洗たくネットを使うと、「手元をよく見る」学習（58ページ）にもなります。

手の器用さが育つと…

ひもを結んだり、箸を使うなどの日常の活動や、字を書いたり、工作をしたり、リコーダーの演奏といったさまざまな学習活動がスムーズにこなせるようになっていきます。

〈アレンジ編〉「見てわかる」ことを「触り分ける」ゲームに

❶「数」が好きな子ども向けに

触ってわかる数カードを用意します。（モコモコペンやサンドペーパー、スポンジシールなどで作る）
袋の中に数カードを入れ、指先の触覚だけで、カードに書かれたドットの数をあてます。

❷さらに「計算遊び」もしてみよう

右手と左手のカードの数をあてて、ふたつの数字を足し算します。かけ算やひき算、割り算もできます。

❸「文字」が好きな子ども向けに

漢字の偏とつくりを手探りで合わせて、ひとつの漢字を作る。 例：「イ」と「本」で「体」

❹さらに「熟語作り」もしてみよう

6～8枚の漢字カードを手探りしながら熟語にしていく。
例：「日」「方」「目」「本」「山」「月」のカードの中から、「日本」や「月日」を作る。

中に入れるカードを工夫すれば課題はどんどん作ることができる

親子遊び 5

固有覚の回路を活性化

ポーズゲーム

落ち着きのない子や衝動性の激しい子、不器用な子は、「ゆっくりていねいに」体を動かすことや、同じポーズで「動かない」でいることが苦手です。これらの苦手は、筋肉や関節から入ってくる「固有覚」という感覚を交通整理していく機能を高めることで改善が見込まれます。ただし、パターン化（暗記）すると効果が薄くなるので要注意です。

Tちゃん

Bくん

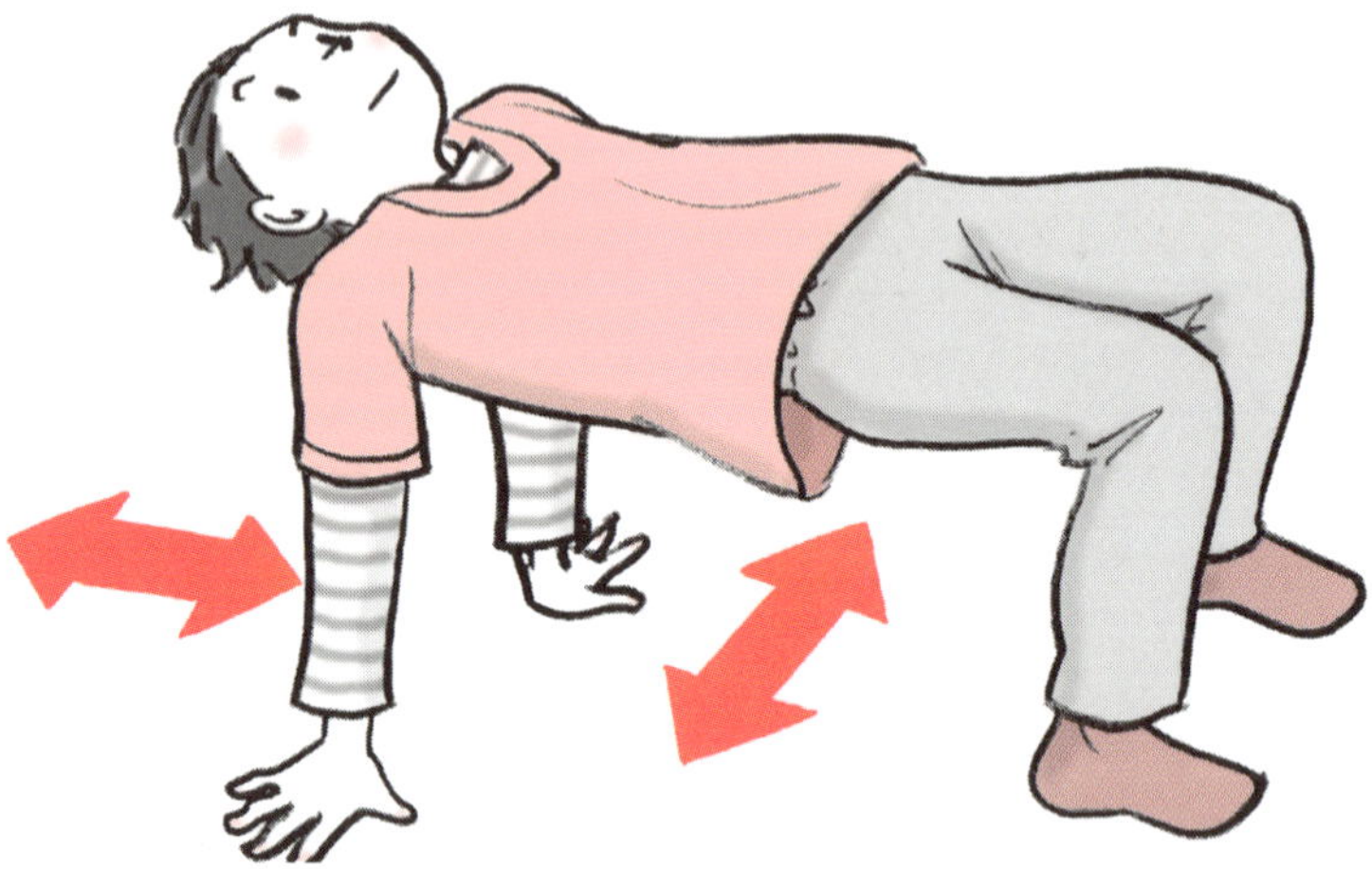

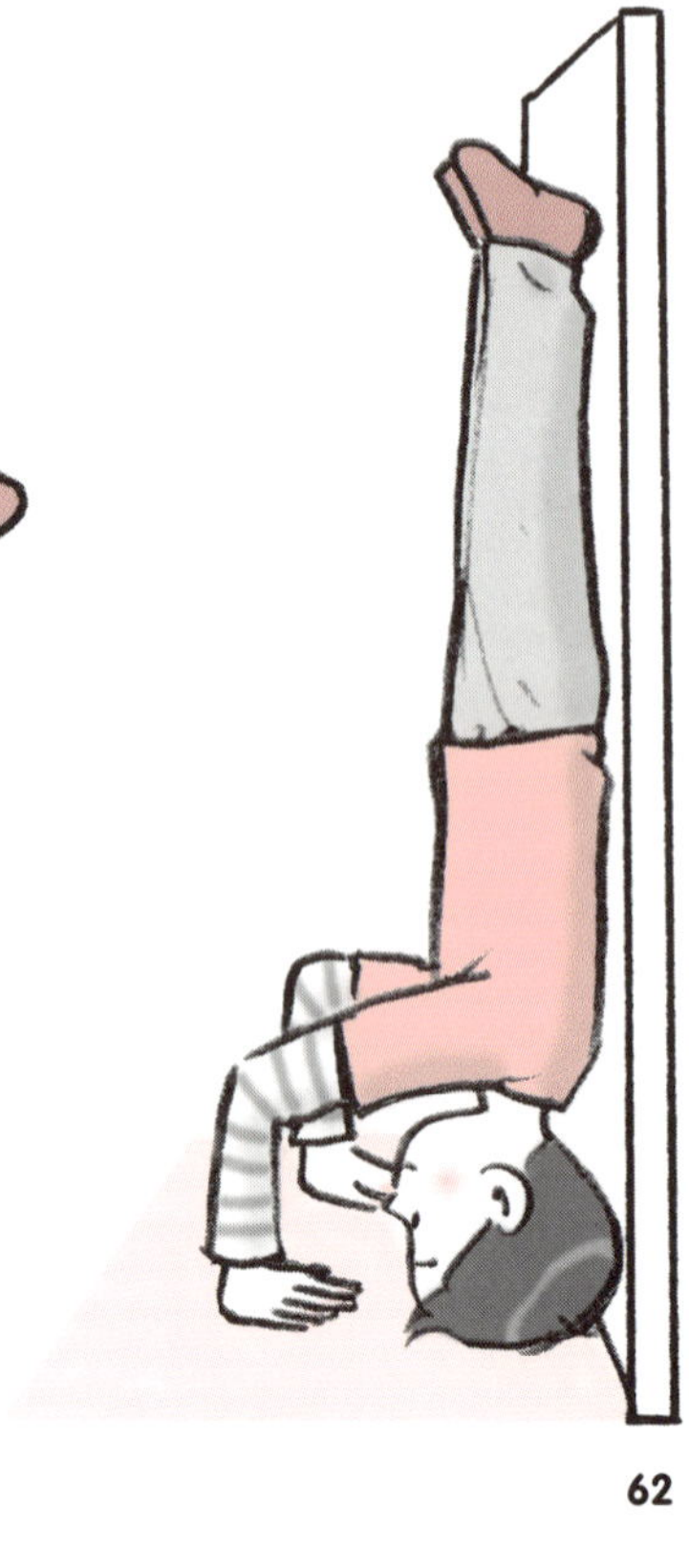

ふだんやらないポーズや動作をやってみる

手や足をどう動かせばいいか、個々の部位の動きに注意しないとできない動きをやってみます。何も考えないで動けるポーズや動作でなく、あおむけでよつんばいになって前進、後進するなど、ふだんはやっていないポーズや動きに挑戦します。

ジャングルジムにのぼってみよう

ジャングルジムは、ぶつからないようにするために全身の動きを意識できます。中間をくぐり抜けたり、背中をジャングルジムに向けて、上下・左右・斜めに移動してみることで、手足の動きを意識します。

パターン化(暗記)したら別の動きにかえる

ポーズゲームは動きを暗記してしまったら、意味がなくなります。動きに慣れないように、次々にポーズや動きを変化させましょう。ブリッジや逆立ちなども、大人がサポートしながら、やってみてもいいでしょう。

ヨガやストレッチでもOK

新しい動きやポーズを考えるのが大変だったら、DVDなどに合わせて、ヨガやストレッチをするのもいいですね。ふだんあまり使わないところを伸ばしたり、力を入れたり、バランスをとるために工夫したりできます。

親子遊び 6

固有覚の回路を活性化

ポジションゲーム

前ページのポーズゲームは、親子遊びですが、
ポジションゲームはお友達と対戦して楽しめる遊びです。
原理はポーズゲームと同様ですが、このゲームだと
動きがパターン化(暗記)されにくいという特徴があり、
楽しく遊びながら「固有覚」の回路を活性化させます。

Tちゃん

Bくん

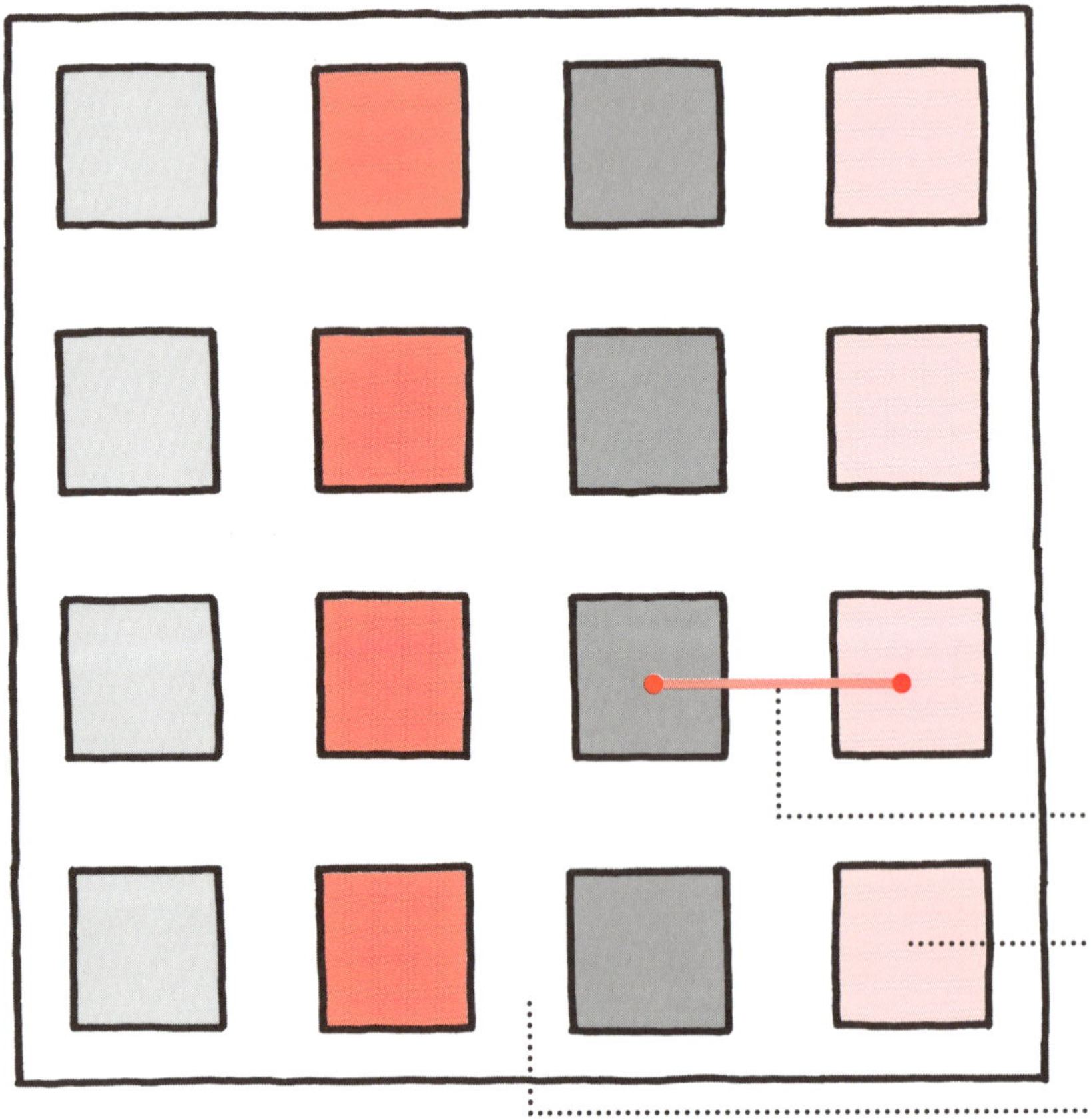

作り方

2畳くらいのレジャーシートを用意します。そこに4色のカッティングシート（ホームセンターなどにあります）を、20㎝くらいの四角や丸にカットして貼ります。カッティングシートの中心幅は、子どもの肩幅くらいあけるといいでしょう。

カッティングシートの中心の間を子どもの肩幅くらいあける

4色のカッティングシートを用意し、四角や丸に切って貼る

レジャーシートなどやぶれない素材

遊び方

❶2人は素足になり、向かい合ってシートの外に立ちます。
❷じゃんけんをして、勝った人が手足（左手、左足、右手、右足）と色（赤、青、黄、緑）を指示します。

❸2人とも同時にその指示通りに手や足を移動します。
❹手足と色の指示は交代で行います。

❺自分の手足の位置と相手の動きを予想しながら、次の手足や色を指示します。
❻バランスを崩して、おしりやひざをついたほうが負けです。

※既存のゲームでは、タカラトミーの「ツイスター」というゲームがあります。

親子遊び 7 アカデミックスキル

なぞなぞ

筆算はできるのに、文章問題が苦手な子は、言葉の意味を理解していない可能性があります。聞き覚えたフレーズはべらべらしゃべっていても、言葉の意味理解があいまいなため、文章問題では、問われている内容をイメージできないのです。なぞなぞで、言葉から思い描く能力（言語表象機能）を育てていきましょう。問題を暗記したら意味がないので、ご注意ください。

Aくん

Lちゃん

パターン1 口頭で問いかける

話し言葉の内容が理解しにくい子どもには、口頭で問題を出してみましょう。

2階は木を削る工場、
1階はゴミ箱。
これなあに?
えんぴつけずり！

話し言葉の意味理解の幅を広げる

聴いた言葉を記憶にとどめ、そこから言葉の意味するものを思い描くことが大切です。

パターン2 文章で問いかける

文章の読解力でつまづきのある子どもには、文章で問題を出してみましょう。

りっぱなのに、いつも踏まれているものは?
スリッパ！

文章読解力を育てる

目で見た文字の並び＝文章から、言葉の意味するものを思い描くことが大切です。

なぞなぞのレベル分け

なぞなぞは難易度が幅広くありです。
ここでは大きく3つのレベルに分け、
子どもの発達レベルに見合った問題にチャレンジさせましょう。

〈レベル 1〉具体的なヒント

色や形、大きさ、味、素材、用途、状態などで説明した問い

①
耳が長くて
ぴょんぴょん
とぶ動物は?

②
赤くて丸い
木になる
くだものは?

③
外に行くときに
頭に
かぶるものは?

言葉から
イメージできるかがカギ

具体的な説明の言葉から、何をさすのか考えます。一般的に4歳ころには身につく能力ですが、苦手な子には、絵カードを並べておいて、そこから選ばせてあげましょう(プレステージ)。

〈レベル 2〉ダジャレや語呂合わせ

「言葉」の辞書的な意味から離れて、日本語の発音で遊ぶ問い

④
冷蔵庫の中に隠れている動物は?

⑤
りっぱなのにいつも踏まれているものは?

⑥
食べられないけれど、お料理のときに活躍するパンは?

言葉の意味からいったん離れて、
発語で遊ぶ

具体的な言葉の意味から抽象的な意味理解に入っていく前段階として、ダジャレや語呂合わせの遊びが有効です。5歳半ば以降になると楽しめるレベルです。

〈レベル 3〉抽象的な表現

比喩やたとえ話など、抽象的な言葉で作った問い

⑦
目玉が3つ、1本足で道路に立っているものは?

⑧
昼は横になっていてもできるのに、夜はがんばってもできないものは?

⑨
2階は木を削る工場、1階はゴミ箱。これなあに?

言葉や文章から
イメージする力を育てる

抽象的な表現から、状況や状態をイメージする力(表象機能)を培います。文章問題を解くときにも、このイメージ力がカギになります。

こたえ ①うさぎ、②りんご、③帽子、④ぞう、⑤スリッパ、⑥フライパン、⑦信号機、⑧昼寝、⑨えんぴつ削り

正解率の履歴から修得度がわかる

「なぞなぞ」の問いに対して、子どもがどんな解答をしたか、履歴を残してみるのもいいでしょう。

レベル1は難なくクリアしたけど、レベル2に入ると、ヒントが必要になったか？

レベルを上げるには、何日必要だったかがわかり、成長の過程を記録に残せます。

月／日	問い	ステージ	リアクション	ヒント
9月13日	はなが長くて、体が大きな動物は？	1	○	
1月31日	れいぞうこの中に隠れている動物は？	2	× ねずみ	
			× わかんない	よく発音を聞いてね
			○ ぞう	「れい**ぞう**こ」だよ
5月11日	目玉が3つ、一本足で道路に立っているものは？	3	× え？	
			× おばけ？	目玉が3つあって、光ってるんだよ
			△ 信号かな？	目玉が赤や黄、青色に変わるんだよ
9月19日	昼は横になっていてもできるのに、夜はがんばってもできないものは？	3	○ ひる寝	

NG

暗記は意味がない

同じ問題を繰り返して、子どもが答えを暗記してしまったら意味がありません。次々と新しい問題を作っていってあげましょう。

なぞなぞバリエーション

仲間はずれクイズ

言葉はいろいろな要素で仲間分けされています。私たちは無意識に言葉の仲間分けをして、記憶の中に整理をしています。この遊びでは、言葉の仲間はずれをみつける遊びを通して、言葉の整理のしかたを身につけます。

問題　この中で、仲間はずれはどれ?　理由も答えてね

ねずみ
ぶた
くじゃく
りす

答え:「ぶた」
理由:食べられる

答え:「くじゃく」
理由:羽がある

答え:「ねずみ」
理由:干支にある

おとうさん
おじさん
おじいさん
おかあさん

答え:「おかあさん」
理由:ひとりだけ女

答え:「おじさん」
理由:ひらがなで4文字

答え:「おじいさん」
理由:ひとりだけ70代

→正解は1つでなく複数あることに気づく

連想クイズ

ことばから「思い描く」能力は、なぞなぞ以外にもいろいろあります。ここでは「連想する」ことの2つのケースを紹介しましょう。

問題　このことばに関連することばとは?

「光る」と言えば?
星　電気　月

「お菓子」と言えば?
ポテトチップス　チョコレート　あめ　ガム

「字を書く」と言えば?
えんぴつ　ボールペン　紙

問題　次から次へと関連することばをつなげよう

「まるい」と言えば「ボール」 > 「ボール」と言えば「野球」 > 「野球」と言えば「チーム」 > 「チーム」と言えば ………?

親子遊び 8 アカデミックスキル

数遊び

年齢相応の数の理解が遅く、計算に時間がかかるのには、複数の要因が関係しますが、まず考えておきたいことは、数を学ぶための2本の柱である「順序数」と「数量」の理解不足です。これは、計算ドリルの繰り返しより、具体的な物を使って手を動かしながら学習したほうが、理解しやすくなります。

Lちゃん

「順序数」を学ぼう

数の理解を促すには、「順序数」の興味づけが大切です。大小の識別から順番に並べる「系列化」へ挑戦。トライ&エラーしているうちは、まだわかっていない証拠。エラーなく1発でできるようにします。

① サイズの比較遊び

順序数を学ぶスタートは「サイズの比較」です。大―小だけでなく、長―短、高―低、深―浅などの比較遊びもできます。

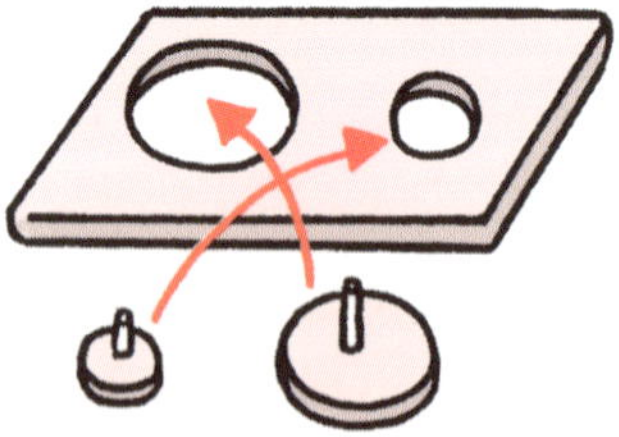

「順序数」と「数量」遊びでは「数字」も「数唱」も使わないことがミソです。「手を用いて」「具体物操作」で考えることがテーマです

② 大↔小の系列化の理解

3択、4択と数を増やし、大↔小の系列化の理解を促します。見ただけでパッと正答できるまでチャレンジしましょう。

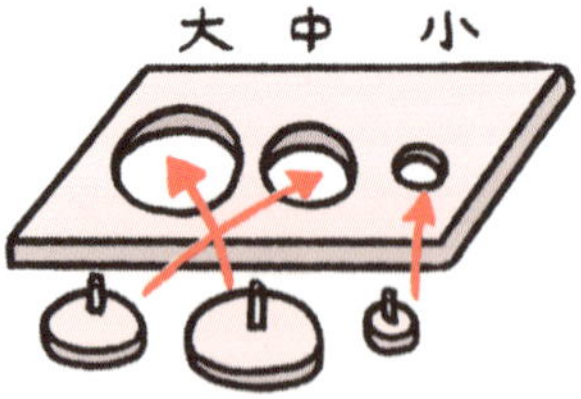

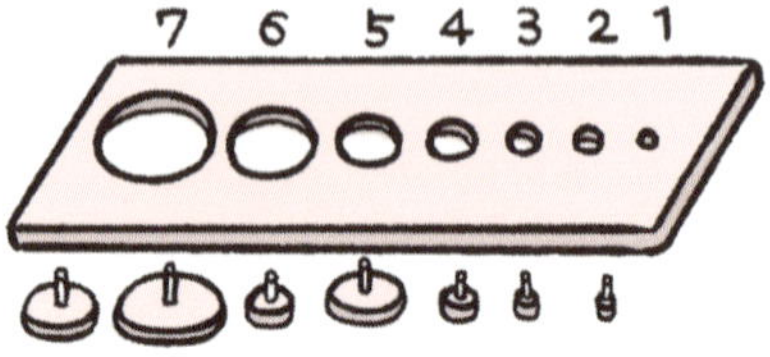

③ 身近なおもちゃで遊ぼう

「系列化理解」のおもちゃは、身近にもたくさんあります。

「数量」を学ぼう

足し算や引き算はできても、量の比較や、単位になるとよくわからない子がいます。数唱として数を唱えられても、「数量」の意味がわかっていないからです。そういう場合も、具体物を使って学んでいきましょう。

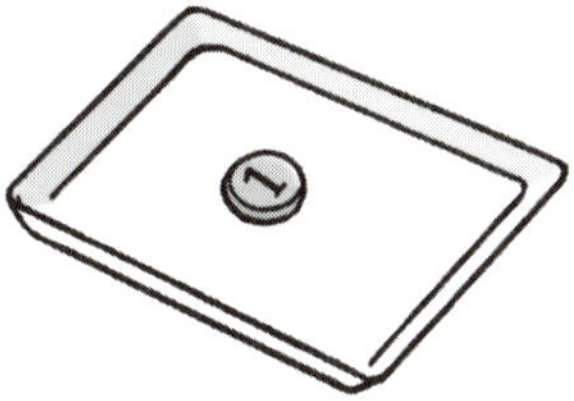

サンプルを見せる

サンプルどおりに皿に載せる

同じにするには?

ひとつの皿に1円玉が1枚の場合は、パッと見ただけで間違わずに同じように再現できることを確認します。その後、サンプルの皿の1円玉の数を増やしていきます。「1枚、2枚、3枚…」と数えなくても、パッと見て正答できるようになることが大切です。

どっちが多いかあててみよう!

絵カードに、あえて規則性を持たせずランダムに●印を書いた数カードを作ります。2枚のカードのどちらが数が多いかを選ばせます。下記は実はすべて「5」のカードですが、配置がバラバラになると、とたんにわからない子がいます。数や●印の並べ方を変えて、繰り返し遊びましょう。

「数量」を理解できれば見た目に影響されなくなる

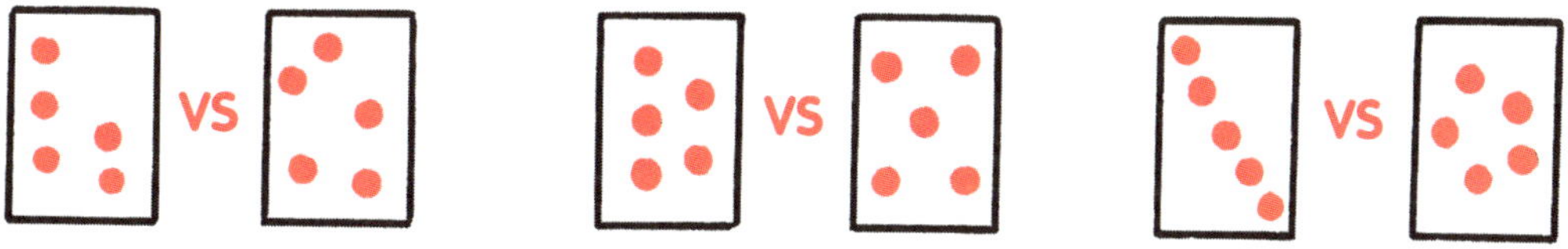

「たし算」と「ひき算」の原理を学ぼう

ドリルはできるのに、文章題になるとわからない子は、文字列（数字や記号）操作は暗記したけれど、
計算の根底に必要な「数量操作」が理解できていないのです。
理解を促すには、手にコインなど、目に見える物を使って「合成」＝足し算や、
「分解」＝引き算を行うとよいでしょう。計算の概念を学ぶことがここのテーマです。

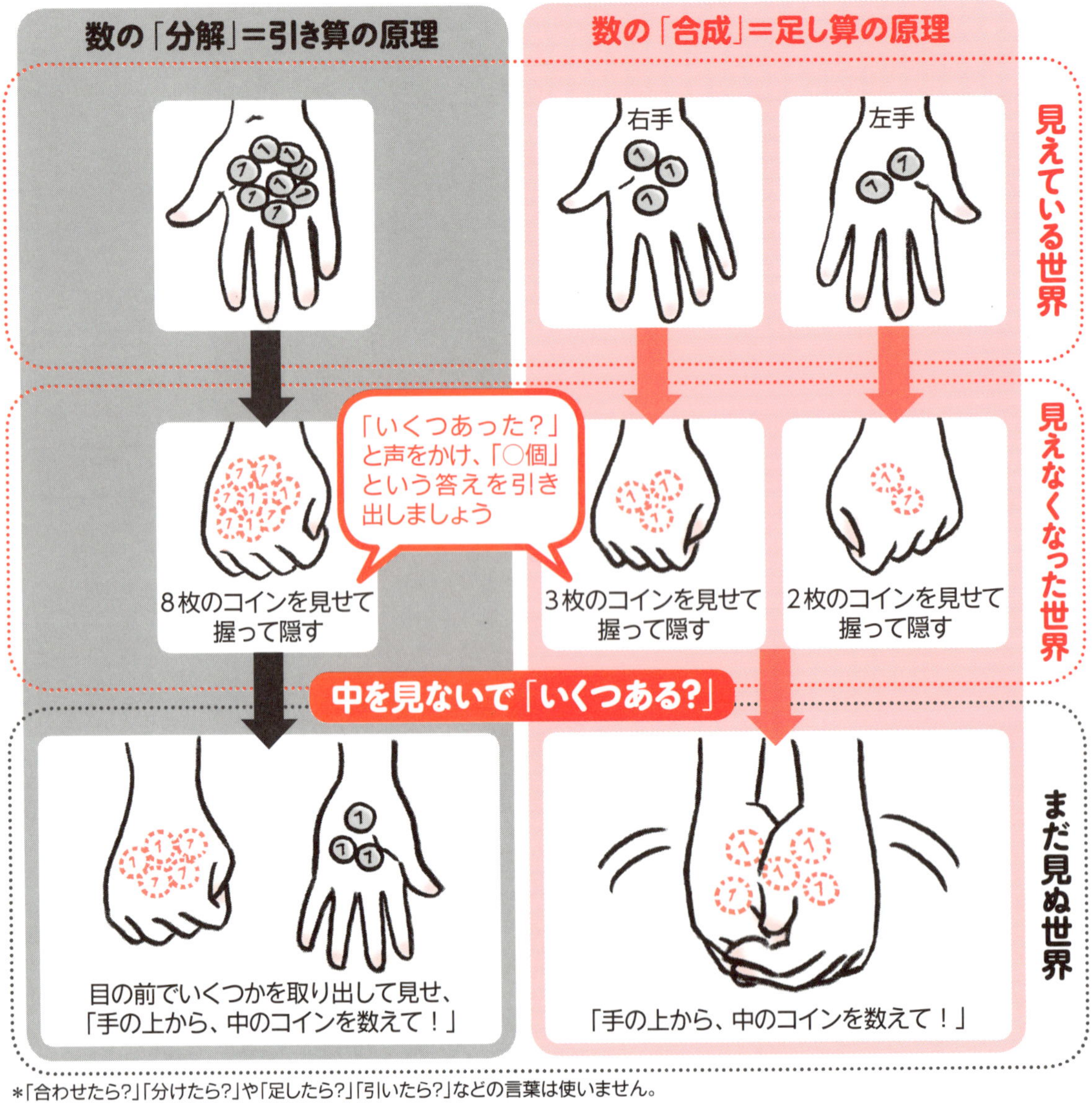

数の「分解」＝引き算の原理
数の「合成」＝足し算の原理
見えている世界
右手
左手
見えなくなった世界
「いくつあった？」と声をかけ、「○個」という答えを引き出しましょう
8枚のコインを見せて握って隠す
3枚のコインを見せて握って隠す
2枚のコインを見せて握って隠す
中を見ないで「いくつある?」
まだ見ぬ世界
目の前でいくつかを取り出して見せ、「手の上から、中のコインを数えて！」
「手の上から、中のコインを数えて！」

＊「合わせたら?」「分けたら?」や「足したら?」「引いたら?」などの言葉は使いません。

「かけ算」の原理を理解する

九九を唱えることはできて、筆算ならかけ算もできるのに、文章題になるとわからなくなる子は、「かけ算」の原理を理解していないからです。具体物操作を通して、かけ算の原理を学んでいきましょう。

この遊びができる条件

◎くり上がり、くり下がりの足し算、引き算が理解できている。
◎「2、4、6、8……」の2とび、「5、10、15、20……」の5とびを唱えることができる。
◎かけ算の九九を唱えることができる。

ヒント(1)

大人 「トレイの数は？」
子ども「7枚」
大人 「1枚のトレイには1円玉は？」
子ども「3個」

ヒント(2)

大人 「数え方、教わってる?」
子ども「九九が使えるよ」
大人 「そうだ！ じゃあ、答えは？」

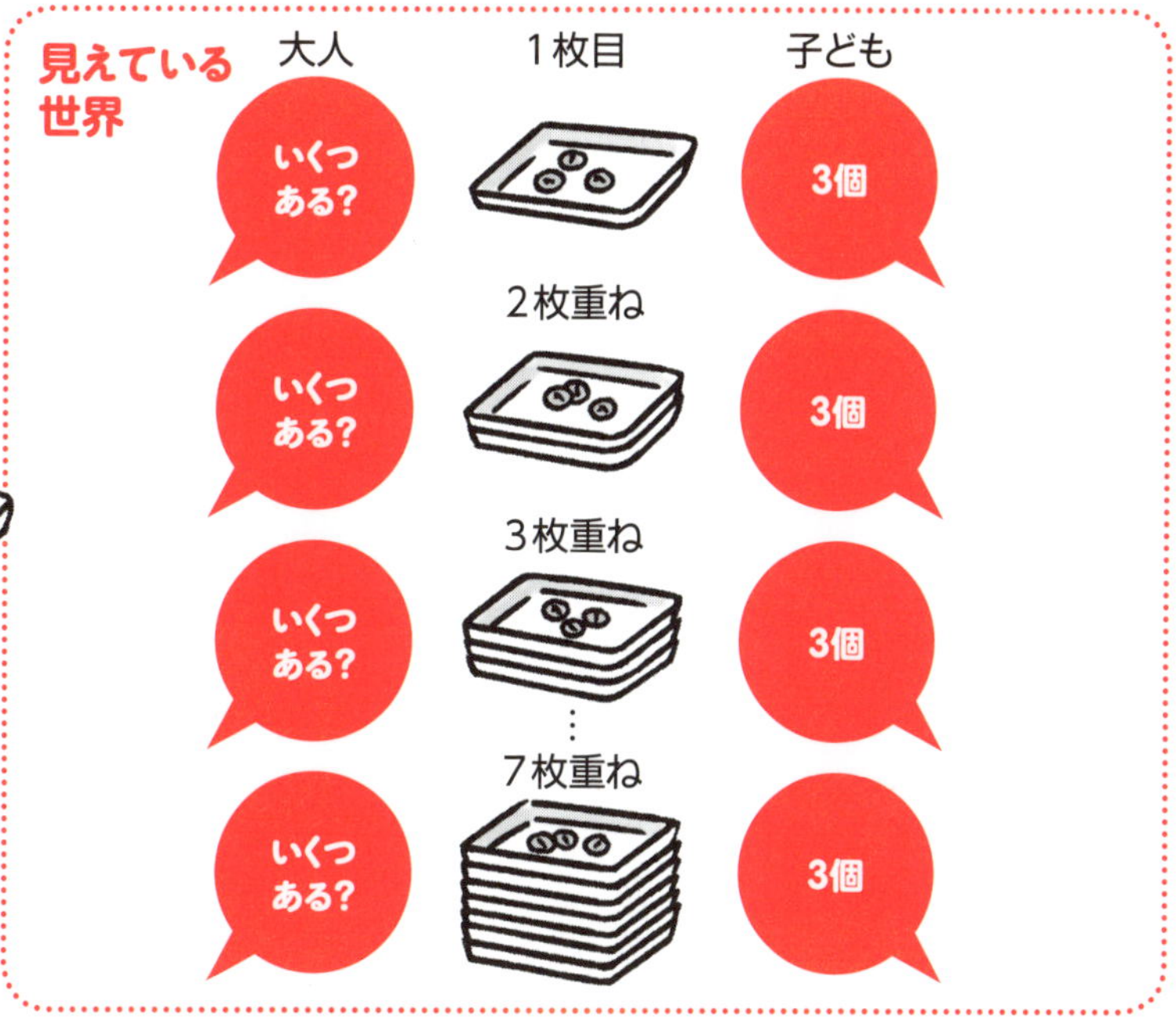
見えている世界
大人
1枚目
子ども
いくつある?
3個
2枚重ね
いくつある?
3個
3枚重ね
いくつある?
3個
7枚重ね
いくつある?
3個

まだ見ぬ世界
箱の中には1円玉がいくつあるかな?
別の箱に全てのトレイの上に乗っていた1円玉を入れる
?

数や計算は何のために学ぶの?

おつりの計算や年齢の計算ができたほうが便利だから? ならば電卓の操作を覚えたほうが手っ取り早いでしょう。大切なのは、目に見えない世界を正確に推論する思考方法のひとつを学ぶことです。推論することは、ほかの教科の学習を含め、あらゆることに関連します。

数の世界
＝
「まだ見ぬ世界」を正確に考える能力
↓
推論

親子遊び 9

コミュニケーションスキル

シナリオクイズ

例えば、「かぐや姫」のストーリーを知っている人たちが舞台に立っても劇は始まりません。なぜでしょう。それは、シナリオ＝台本が必要だからです。ここでは、その場（舞台）にそぐわない言動（セリフとアクション）をしてしまう子どもが、適切な言動を学んでいくことを支援するのがねらいです。決して、親や指導者の価値観を押し付けないようにしてください。

Aくん

❶子どもが起こしたトラブルをテーマに

子どものようすをよく観察したり、友達や先生から聞く話から、子どもが起こしているトラブルを問題にします。できるだけリアルにするのがコツです。

❷挿絵があったほうがイメージしやすい

背景まで細かく書き込む必要はなく、シーンを象徴するものを描くといいでしょう。

❸3つの選択肢を提示する

A 子どもがいつもやっている言動
B 大人が期待している言動
C 可もなく不可もない言動（許容範囲）

❹回答の「理由」を子ども自身が考える

答えがBなら、Bを「選んだ理由」と、AとCを「選ばなかった理由」をたずねます。

❺お説教クイズにしない

大人側がやめさせたい選択肢を選んだとしてもたしなめたり、「違うでしょ」と否定せず、理由をたずねます。理由が「だって、楽しいもん」など相手の気持ちに無頓着な場合は、次の「テレパシーゲーム」から先に取り組みましょう。

❻3〜4週間に1回くらいやると効果的

同じ問題を頻繁にやると、暗記して理由を考えずに答えるようになります。3週間後くらいにやるといいでしょう。問題を覚えてしまったら、問題を変えたり回答を変えるなど工夫してください。

〈シナリオクイズの例〉

Tくんは生活科の時間に花だんへの水まきを教えてもらいました。
水をまくのが楽しくなったTくんは、今日も水まきをしています。
だんだん楽しくなってきたTくんは……？

A 水がかかるとキャーキャー言いそうな友だちを目がけて水をかけて楽しむ。

B まわりの人には水がかからないように、時には「水がかかるから気をつけて」と声をかけながら、花だんに水をまく。

C ただ水をまくだけ。

解答の選択肢の作り方

A **子どもがいつもやっている言動**

B **大人が期待している言動**

C **可もなく不可もない言動**（許容範囲の言動）

相手の気持ちにおかまいなく興味のあることを話し出す

Aちゃんはテレビ番組の「○○」が大好きで、毎週欠かさず見ています。登校班で一緒になるB君とは、いつも遊んでいるわけではないのですが、B君も同じ「○○」を見ている話を聞きました。その日の朝、B君を見つけたAちゃんは……？

A 昨夜見たテレビ番組のことを「ねぇ、○○見た？」と聞く。

B 「おはよう」とあいさつをして、
B君が返事をしてくれたら、テレビの話題を出す。

C 「おはよう」と言うだけ。

場面や状況に関係なく自分の都合で動き出す

K君は、3時になったらおやつを食べる約束をお母さんとしてから、公園へ遊びに行きました。友達とドッジボールをやり始めていて、メンバーが抜けると、試合が中断される状況でした。しかし、公園の時計が3時をさしていることに気づいたK君は……？

A おやつの時間なので、何も言わずに家にとんで帰る。

B 少しまわりのようすを見て、遊びの区切りのいいところで、
「ごめん、僕帰るね」と断ってから帰る。

C 何も言わずに、遊び続ける。

まわりの迷惑をかえりみず得意なことにはしゃしゃり出る

R君はクラスでも「昆虫博士」と言われるほど、昆虫にくわしい子です。理科の時間のことです。先生が「昆虫」の特徴についての問題を出しました。R君はすぐに答えがわかりました。何人かの友達が手をあげていたのですが、そのときR君は……？

A 「ハイ、ハイ、ハイ、ハイ……」と、大きな声で手をあげあてられる前に、「○○です!」と答える。

B 手をあげて、先生にさされたら答える。

C 手をあげないで黙っている。

わが子のトラブルに合わせてシナリオを作ってみよう

「ありがとう」と言えるようになったNくん

その場の状況を読みとるのが苦手なNくんは、落とし物を拾ってくれた友達に「返せよ!」と言って取り戻し、仲間はずれになりました。

その話をお母さんが「シナリオクイズ」にしてN君に考えるチャンスを３～４回作ったところ、3か月後には、すんなり「ありがとう」が言えるようになりました。

いろいろなシーンでのシナリオを作ってみましょう。自分にはどういう言動が求められているかが学べると、適切に行動できるようになります。

親子遊び
10
コミュニケーションスキル

テレパシーゲーム

言葉が使えないと、他人とうまくコミュニケーションをとることができません。
しかし、「言葉通り」にしか理解できない、
あるいは「言葉に出さないと理解できない」というのも、
人間関係を作る上でのトラブルになっていきます。
「言葉以外」の情報で、相手の「意図」を読み取る学習をゲームにしました。

言葉以外の情報の大切さに気づかせる

「空気を読む」とは、まわりの人たちが発する言語以外のさまざまな情報から相手の気持ちや意図を察する能力のことをいいます。「直感的」に読み取ることが苦手な子どもには、「スキル（技能）」として学べるチャンスを作ってあげましょう。

ポイントは「発見学習」

「私の目を見て」など、ヒントを出さないで、姿勢や目線など、相手のどこをどう見ればいいのかに本人が気づくことが大切です。遊びのパターンを暗記しないよう、やり方を工夫します。いろいろな生活シーンで、相手の気持ちを読んで行動できるようにしましょう。

レベルアップには時間も必要

情報を読み取るのに10秒、20秒もかかっていては、実用性はまだ低いということです。瞬時に読み取れるようになるまで、スキルアップしていきましょう。

相手の気持ちを読み取る手だて

❶視線、まなざし
❷表情
❸動作、しぐさ
❹行動
❺声の大きさ、抑揚

何を読み取ればいいのか、本人が「気づく」ことが大事

テレパシーゲームの5つのレベル

床に絵カードをバラバラに置き、大人がほしいカードを見つけるゲームです。「〝あれ〟とって」や「〝これ〟お願い」といった距離を表す言葉も使わない工夫が大切です。

レベル 1

「指さし」

指さしはもっとも言語に近いしぐさです。しっかりと指さして、「とってきて」と指示します（右ページの図）。

レベル 2

「オーバーアクション」

「まなざし」や「表情」、身を乗り出すなどの「姿勢の傾き」もめいっぱい使い、「語調」も強く、「おねがーい、とってー！」と指示します。

レベル 3

「じっと見る」

表情を変えず、カードをしっかりと見続けます。しぐさや姿勢の傾きはいっさい作らないようにして、静かな口調で、「とってきて」と語るだけにします。

※読み取りに時間がかかるうちは、前の「レベル2」とこのレベルを繰り返します。読み取りが早くなったら、次のレベルへ進みます。

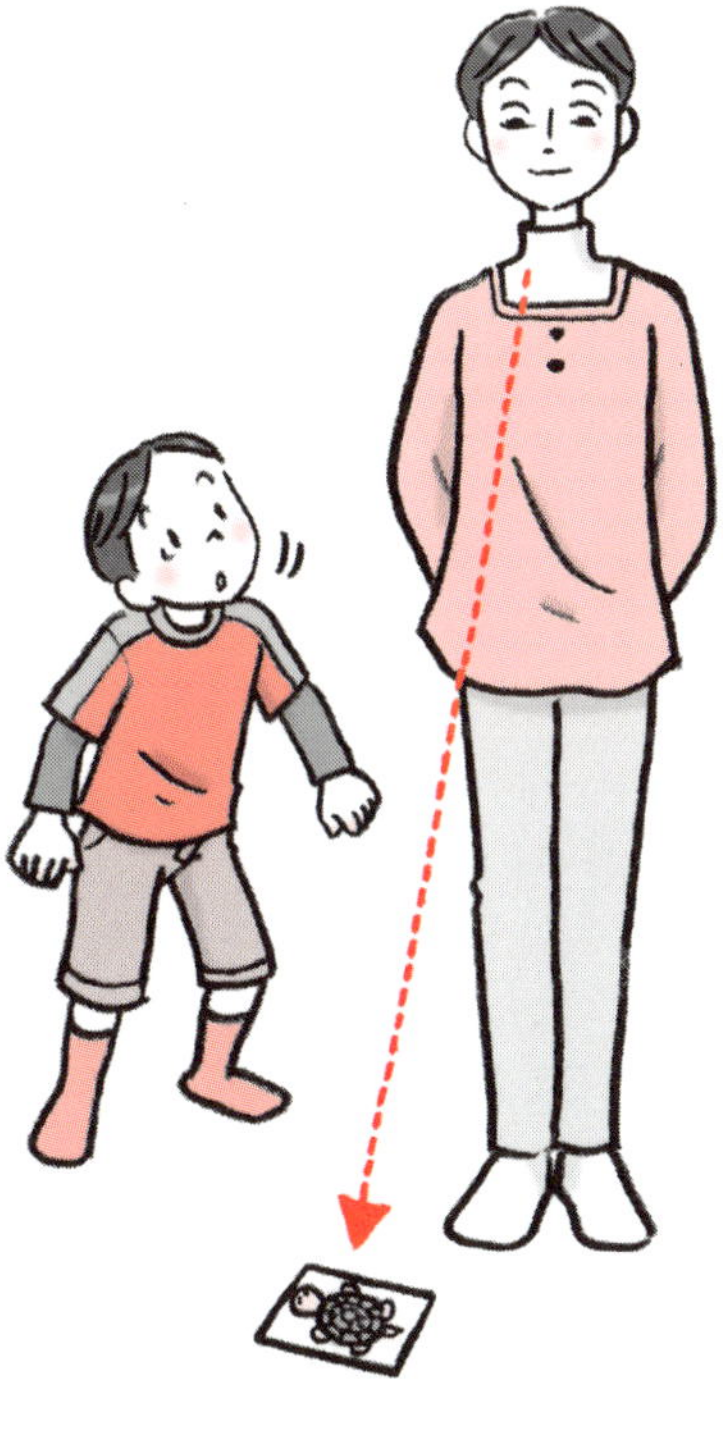

※読み取りに時間がかかるうちは、前の「レベル3」とこのレベルを繰り返します。読み取りが早くなったら、次のレベルへ進みます。

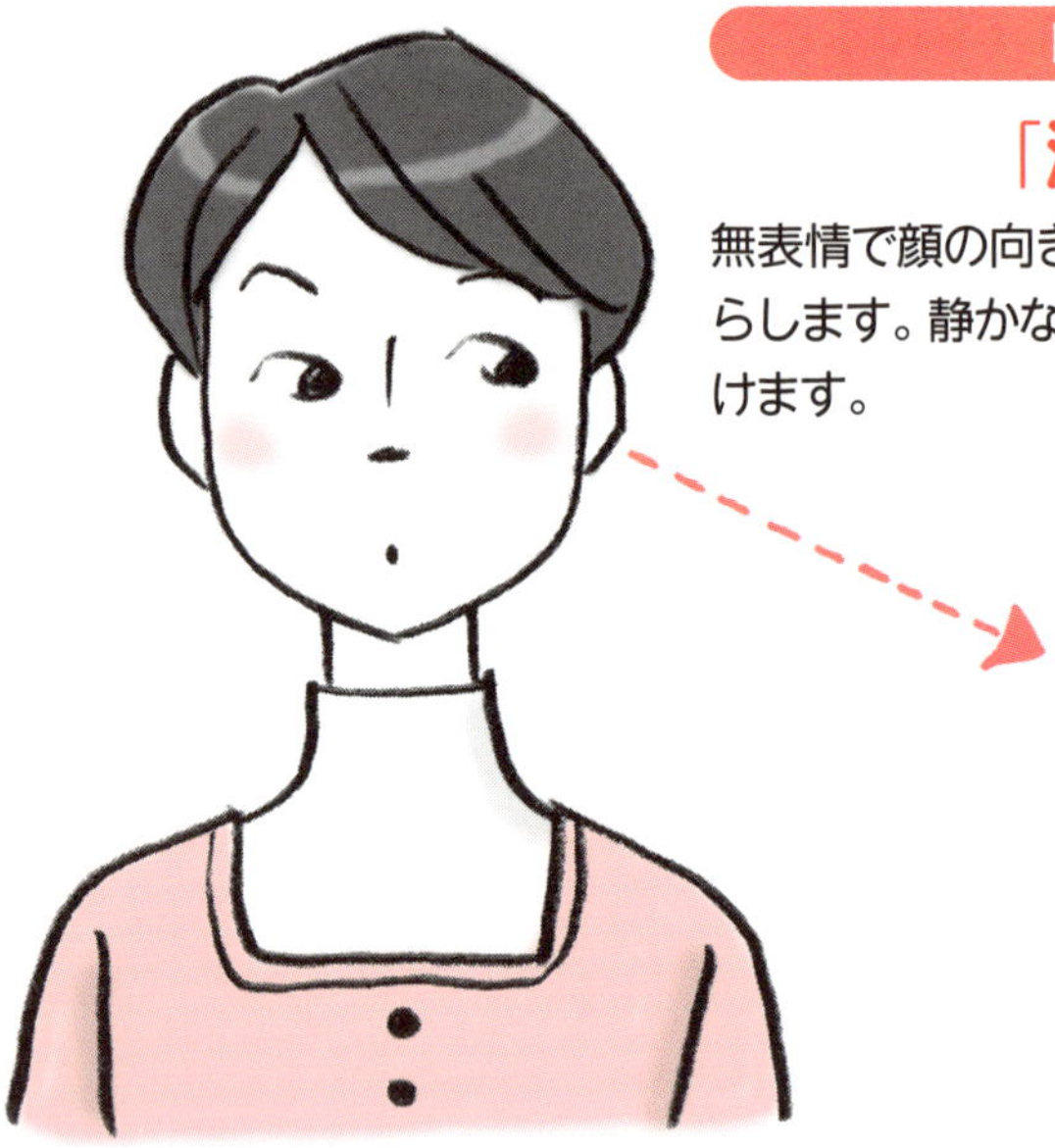

レベル 4

「流し目」

無表情で顔の向きと、まなざしの向きをずらします。静かな口調で「とって」と語りかけます。

レベル 5

「目配せ」

子どもの目をしっかり見ることがスタート。次にカードをちらっと見て、本人のほうに視線を戻します。表情やしぐさ、姿勢の傾きはいっさい伴わせません。そのうえで静かな口調で「とって」と語りかけます。

目配せを瞬時に読めれば
まわりの空気を読めるように

レベル５の目配せが瞬時に読めるようになれば、ソーシャルスキルとしてはノーマルに近づきます。空気を読み取るためには、ひとりだけではなくその場にいる人たちの言葉以外の情報を瞬時に読み取れることが大切です。

ふだんの生活の中でも「テレパシーゲーム」はできる

改めて「ゲームをしよう」と準備をしなくても、ふだんの生活の中でも応用するチャンスはあります。直接の言葉で頼めばすぐわかることでも、あえて「テレパシーゲーム」式に伝えてみましょう。

食卓で

調味料をとってほしいときに、テレパシーを送る

食卓でしょうゆやソースをとってほしいときに、「しょうゆとって」と言わずに、「ねぇ、とって」と指させばレベル1に、まなざしを向けるだけならレベル3になります。

出かけるときに

買い物に出かける時に財布をとってと頼む

夕飯の買い物に出かける時に、財布をテーブルの上に置き忘れ、玄関で「忘れちゃった、お願い」でわかるか試します。「指さし」でとってこられればレベル1。「目配せ」でわかればレベル5をクリアです。

療育相談の現場から

10の親子遊びは、
日ごろの療育でも行うことが
多いものばかりです。どんな子には、
どの遊びが有効なのかを、
事例別にまとめました。

ケース1

小学校2年生のA君は、授業中に気になることがあると、席を立ってしまったり、衝動的に友達に暴力をふるうことがあり、問題児扱いされていました。「じっとしていなさい」と注意されても、すぐにウロウロするので、学校からは、反抗的な態度を改めるよう指導されました。

木村先生のアドバイス

衝動的な暴力の背景には、触覚防衛反応（24ページ）から生じる本能性な攻撃行動が作用している可能性が高いです。同時に、集中力も育ちにくくなってしまいます。そんな子には、**タッチ遊び**で、子どもが関心を向けられる時間を少しずつ長くしてあげるのが有効。集中力の回復も図れます。

また、バランス感覚の低反応（鈍さ）から生じる自己刺激行動として動き回ったり飛び跳ねたりすることも考えられます。バランス感覚を「感じた！」という反応が引き出せるまで、**トランポリン**や**回転椅子**で遊ぶのも大切です。

自分の行動や動作がうまくコントロールできないことの根本的な原因として、ボディイメージ（53ページ）の未発達があると考えられます。気がついたら、

トランポリン
子どもの表情や姿勢から揺れ刺激を「感じた!」というリアクションが出るまで跳ぶことで、落ち着いて過ごせる時間が長くなります

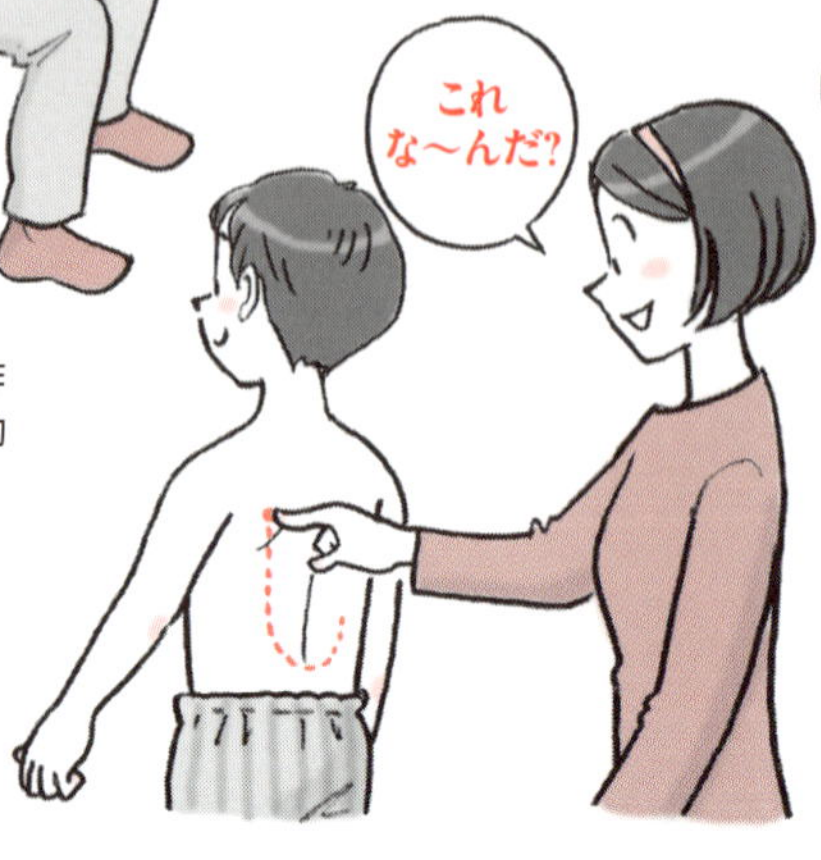

タッチ遊び
背中に文字を書くスピードを遅くして、注意を集中できる時間を長くしていきます

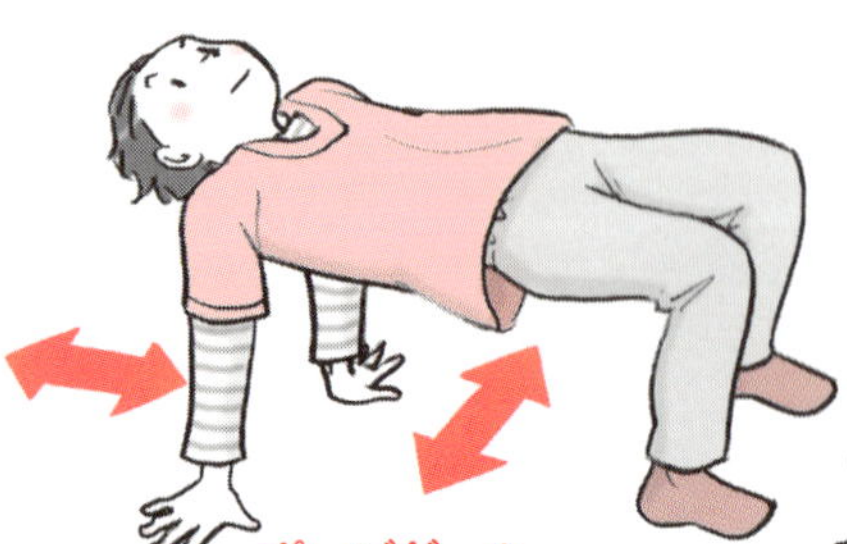

ポーズゲーム
ふだんやらないポーズや動作で、固有覚の機能を高め、衝動性を抑えます

アクセルを踏んで暴走していたというような状態に陥るのです。

ボディイメージ作りには、タッチ遊びやポーズゲーム、ポジションゲームなどがおすすめです。

ケース2

小学校3年生のB君は、勉強はよくできるのに、友達作りが苦手です。決まりごとを律義に守るのはよいのですが、少しでもズレたことをするクラスメイトを厳しく批判します。空気を読むのも苦手です。お母さんは、こんなに融通がきかないと、将来大変なのでは？　と心配しています。

木村先生のアドバイス

人の気持ちが読めないアスペルガータイプの子どもの中には幼少期から触覚防衛反応が強く出ていることが多々あります。そのため、愛着形成が遅れて、他人と共感的な関わりを作ることを学べていないことがあります。また、人のまなざしや表情、しぐさなどに無頓着なのは、まず本人自身のボディイメージが未発達な可能性が考えられます。

タッチ遊びで、全身をくまなくタッチすることで、ボディイメージの回復をはかってみましょう。ほかにも、ポーズゲームやポジションゲーム、トランポリンも使えます。

さらに、テレパシーゲームで、非言語情報を読み取るスキルを磨いてあげるのもいいでしょう。また、何をしていいのか、何をしてはいけないのかを、セリフとアクションで学ぶチャンスとして、シナリオクイズも有効です。

ポジションゲーム
ゲームをしながら楽しく、普段やらないポーズをとることで、ボディイメージを育てます

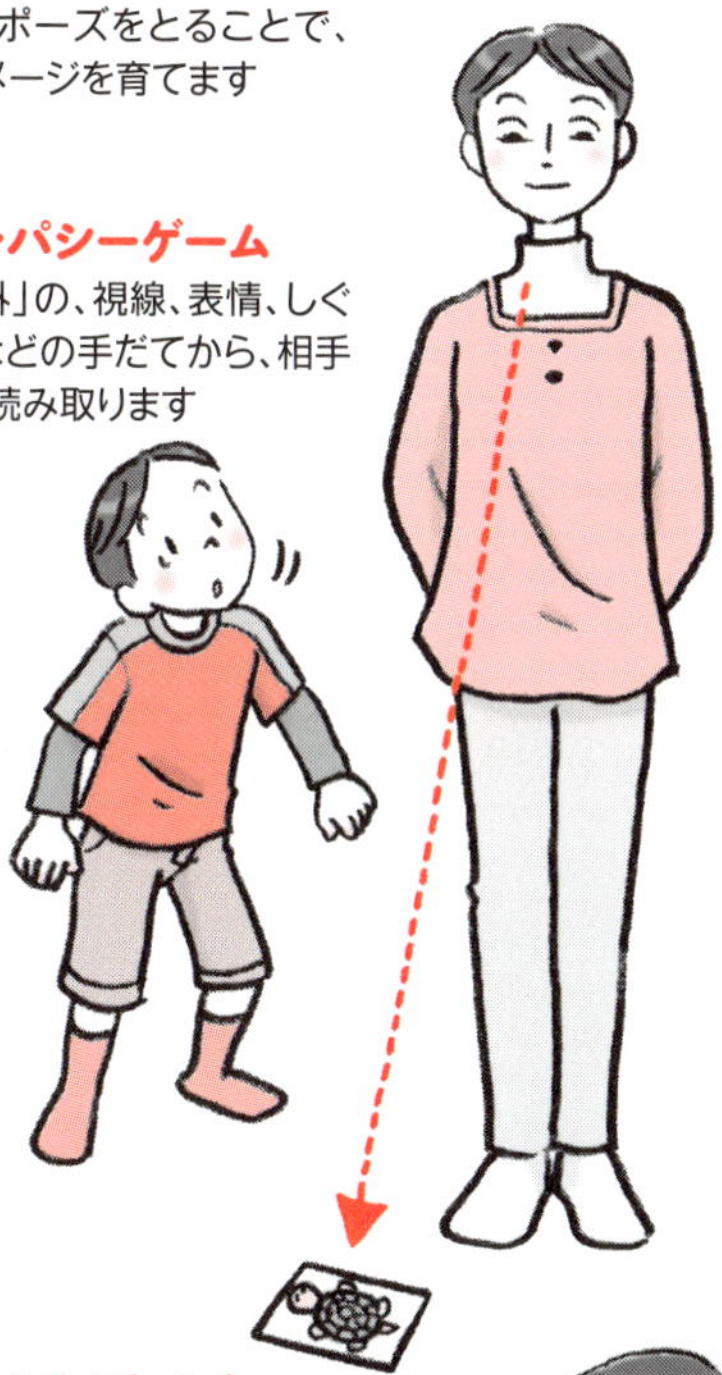

テレパシーゲーム
「言葉以外」の、視線、表情、しぐさ、行動などの手だてから、相手の意図を読み取ります

シナリオクイズ
ふさわしい言動を自分で選ぶことで、シーンに合わせて、適切な言動を学んでいきます

ケース3

Cちゃんは小学校に入学してから、いくつかの教科についていけません。教科書も読むことができず、算数も計算式は解けるのに、文章題は解けません。話して聞かせるとわかっているので、知的に遅れているわけではありません。このままでは、どんどん学習が遅れていくと、お母さんは焦っています。

回転椅子
読み間違い、読み飛ばしが多い子も、眼球の動きがよくなれば、読みやすくなります

木村先生のアドバイス

眼球運動が未発達だと、文字を目で追うことができず、読み飛ばしや読み間違いが多くなります。また、後なぞりの課題も苦手なので、書字の修得そのものが遅れることがあります。

まずは眼球運動の改善をはかることが大切です。回転椅子やトランポリンで、バランス感覚に刺激を入れながら、眼球運動の発達を促す遊びをするといいでしょう。バランス感覚への刺激は、言語中枢機能を高めることにもつながり、話の内容理解にも役立ちます。

また、空間認知や正中線（22ページ）、ラテラリティ（体の左右を使い分ける機能）の発達もバランス感覚の回路を活性化させることが大切です。ここが未発達だと、鏡文字になる原因にもなります。

さらにこれらの能力とともに、ボディイメージ作りも大切です。タッチ遊びで身体空間を育てましょう。背中のドットつなぎは触覚を通じて、文字の書き順の学習に役立ちます。

文字は読めるのに、意味理解ができていない場合は、なぞなぞもおすすめです。

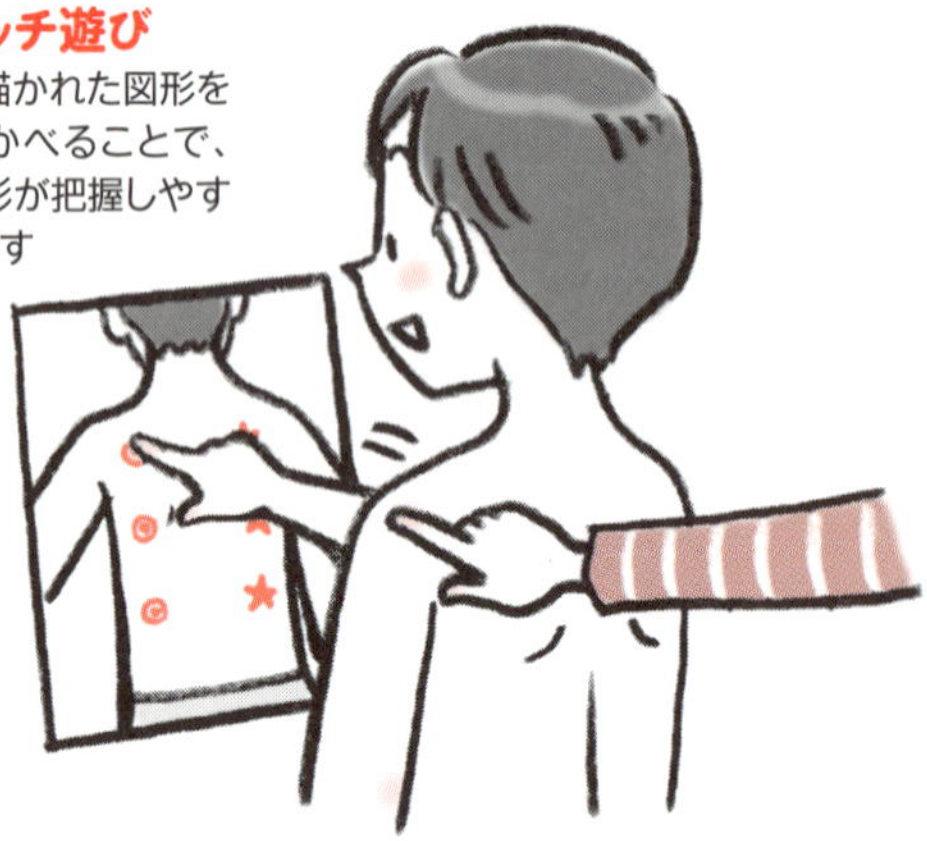

タッチ遊び
背中に描かれた図形を思い浮かべることで、文字の形が把握しやすくなります

なぞなぞ
なぞなぞで、言葉の意味するものを思い描く力を育てます

計算が苦手な子の場合も眼球運動の改善と空間認知を育てることで、かなりの改善が見込めます。その後に**数遊び**をして、順序数や数量の理解につながる基礎を育てるといいでしょう。

ケース4

小さいころから不器用さが目立っていたDちゃんは、小学校での体育や図工で苦労していました。運動会などの踊りは、手と足をどう使い分けるのかさっぱりわかりませんでした。楽器の課題も、どんなに練習してもできなくて、先生に怒られてばかりです。

木村先生のアドバイス

不器用さの背景には、いくつかのタイプがあります。姿勢が崩れやすくて、ふにゃふにゃしている子には、**トランポリン**や**回転椅子**で、まず姿勢の軸作りをしてあげましょう。

動きの手順が作れない子は、ボディイメージの未発達が原因として考えられます。トランポリンや回転椅子に加えて、**タッチ遊び**や**手探りゲーム**、**ポーズゲーム**や**ポジションゲーム**が有効です。

力加減が調整できなくて、物を壊したり、落としたりの失敗が多い子は、固有覚の回路が活性化されていない可能性があります。**ポーズゲーム**や**ポジションゲーム**に取り組んでみましょう。

大縄に入れない、楽器の演奏が苦手など、リズム感がつかめない子には、**トランポリン**がおすすめです。

指先の不器用さが目立つ場合は、手の輪郭が把握できるように手の**タッチ遊び**をしましょう。また、手元をしっかり見る習慣づけに、**手探りゲーム**も有効です。手先が不器用だからと、手だけをケアしても効果は上がりにくいものです。トランポリンや回転椅子、タッチ遊びなどで全身の器用さを育てたうえで、手先へのアプローチをしていくことも大切です。

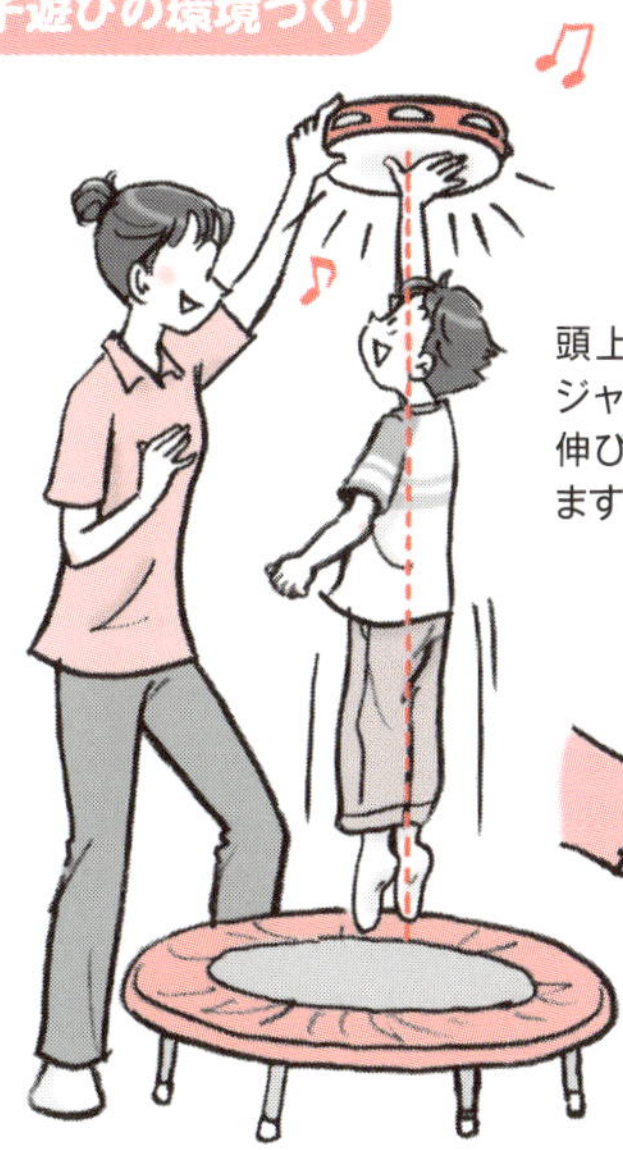

トランポリン
頭上のタンバリンをめがけてジャンプすることで、背すじが伸びて、姿勢がまっすぐになります

タッチ遊び
腕から手首、指先へとすみずみまでしっかりとタッチすることで、手の輪郭が把握できるようになると、器用な動きができるようになります

手探りゲーム
手の触覚を意識的に使うことで、器用な手の動きを導きます

Q

悩みを共有できるママ友達がほしいけど どうしたらいい？

A 子どもが通う「通級」（96ページ）の保護者会で、横のつながりを作ったり、支援教室などで出あうこともあるでしょう。周囲に理解してもらいにくい、子育ての悩みを打ち明け合える仲間が身近にいると心強いですね。

はじめは「お互いに大変ね」と、慰め合える関係でいいと思いますが、地域に仲間がいることのメリットはたくさんあります。例えば、「あそこの教室はこれをやっているよ」「こんな先生がいるよ」などの情報交換ができます。また、「講演会に一緒に行こう」「この本、わかりやすいよ」と、子どもの特性について、深く学ぶ機会も得ることができるでしょう。

地域によっては、保護者同士がネットワークを立ち上げ、相互理解はもちろん、周囲の理解を得るための活動をしているケースもあります。

東京都狛江《こまえ》市の通級学級の保護者達は、イラストがいっぱいの手作りの広報誌を定期的に全保護者に配布しています（右）。埼玉県所沢市には、軽度発達障害児を支援する会「よつばくらぶ」※という保護者たちの組織があり、地元の支援ネットワークをまとめたサポートブック（左）まで作成しています。

このように、「慰め合う関係」から「支え合う関係」へと、地域のコミュニティ作りへ発展させられるといいですね。

発展していくときには、専門知識を持つご意見番が必要です。保護者だけでは、利害関係のバランスが崩れたときに離合集散しがちです。そんなときに、冷静にジャッジできる現場の先生に「顧問」として入っていただくとよいでしょう。地元に支援者を見つけて、情報や知識を得ることで、子どもをいかに認め、支えて行くかの見通しもたてられます。

※http://homepage2.nifty.com/yotsubaclub/

3

先生や友達など周囲の理解を得るために

発達の凸凹は、周囲に理解してもらいにくいために誤解されやすく、時には非難されるケースもあるでしょう。

理解のない周囲を責めるばかりでなく、サポーターになってくれるよう働きかけましょう。

わが子の健やかな育ちには、周囲の理解は不可欠です。

ネガティブ・フレームからポジティブ・フレームへ

発達障害の子どもたちがつらい思いをするのは、周囲からネガティブな面ばかりを指摘されることです。見方を変えれば、プラスの面があることに気づきましょう。

わが子の見方・捉え方をかえる「リ・フレーミング」

カウンセリングなどの現場で使われる言葉に「リ・フレーミング」という言葉があります。発達につまずきのある子の子育てには、この視点を取り入れてみてはいかがでしょうか。これはある見方・考え方（フレーム）で捉えられている物事について、その枠組みを作りかえて見ることを言います。同じ子でも、見方、捉え方によっては、マイナスに見えていた行動や特性も、プラスに転化していくヒントが見えてくることがあります。

エピソードを紹介します。その子は幼少期に注意欠陥多動性障害（ＡＤＨＤ）の診断が出て、小学校では集中力もないし、片時もじっとできず、学校の先生からは、すっかりさじを投げられていました。先生からネガティブ・フレームでしか見てもらえなかったわが子に対し、母親はわが子にもいいところがあると信じて育てていました。そして「これだけ動けるのなら、体を動かすことが得意なのでは？」「チームプレイより個人競技に向くかわ」と考えて、水泳にたどり着き、メダルをたくさん取れるような選手になったのです。

ＡＤＨＤの子どもたちは、注意が移りやすい面と同時に、一度面白い！　とスイッチが入ると没頭しすぎて脇目もふらずの状態になる特徴があります。

小学校の先生は、「どうしようもない子」とネガティブ・フレームで見たけれど、お母さんが「活発な体がよく動く子」と、ポジティブ・フレームで見たことで、花開いたわけです。

同じような話は、エジソンや坂本龍馬などの偉人や有名人に多いものです。周囲の誰かがその特性をポジティブに評価することで伸びるものがあるのです。

子どもを「困った」となげくばかりでなく、ポジティブ・フレームでも見つめてみてください。その子の持ち味、よい面を伸ばしていく役割を担える大人でありたいものです。

活発で、
いろんなことに
興味が広がって
いく子だわ
ポジティブ・フレーム
ネガティブ・フレーム
集中力もないし
落ち着きのない
困った子だわ

一つひとつ、
ていねいに
取り組めるのね。
ポジティブ・フレーム
ネガティブ・フレーム
なんで、あんなに
着がえの手順に
こだわるの
かしらねえ……。

「就学相談」や「就学支援シート」を活用しよう

小学校入学前のご家庭では、うちの子が普通学級でもやっていけるのか心配な場合もあるでしょう。不安なときは、「就学相談」を受けることができます。園の先生や役所に相談してみましょう。

わが子に合う就学先について相談・アドバイスが受けられる

「就学相談」という制度があります。自治体によって違うので一概には言い切れませんが、一斉に通知がくる「就学時健診」とは別に、任意で申し込み、個別に相談できる制度です。

通っている保育園や幼稚園の先生から声をかけてもらい「就学相談」につながる場合もあるでしょう。相談を受ける先生は、保護者の心配ごとを聞いたり、子どもの行動観察などを通して、保護者が適切な就学先を選択できるようにアドバイスします。

「就学相談」で進路を決定されることはなく、わが子の今後の見通しを立てることがねらいです。アドバイスしてくれる専門家に、わが子の状態像を解説してもらいながら、進路を考えるための「判断基準」を学んでください。

状態像を理解するために、この本の16ページのグレーゾーンの図を参考に、わが子はどの辺に位置するのかを教えてもらうのもいいでしょう。また17ページの図で、どのタイプなのか解説が受けられるとよいですね。気になっていたわが子が、どういう状態なのかを把握できる、よい機会にもなるでしょう。

そのうえで、進学先をどこにするかは、地域性やきょうだい関係、学校の特徴など、様々な条件を加味して考えなければいけません。ご家族でよく検討してください。

「就学支援シート」は自治体によって配布や運用のしかた、書式などは様々です。多くは子どもの育ちについて、配慮が必要なことを「保護者」の立場、「保育園・幼稚園」の視点から記述する覧が設けられています。

子どもによっては、「専門機関」からの見解を記してもらうことも必要でしょう。

就学後、学校でシートがきちんと引き継がれ、支援が連携されるべきなのですが、なかには担任が活用できていない場合もあります。

保護者はシートをコピーしておき、担任が替わったときには、ちゃんと活用してくださいと声をかけるといいでしょう。

就学までの流れ

子どもの発達の遅れが気になったり、学校生活に不安があるときには、まず「就学相談」を受けましょう。
新1年生の入学までの予定は、おおよそ下記の流れになります。
詳細は自治体によって異なるので、気になる場合は地元の教育センターなどに問い合わせてください。

埼玉県所沢市の場合（2013年時点）

6月ごろ

就学相談申し込み

保育所や幼稚園から「就学相談の案内」が配布されるので、園を通じて申し込む。

7〜8月

保護者面談・行動観察

就学支援委員が園に出向いて、行動観察を実施。必要に応じて、知能検査なども行い、保護者が適切な就学先を選択できるようにアドバイスしてもらえる。

10月ごろ

就学時健診

学校に申し出れば、個別相談や、各校の特別支援学級や通級教室のようすを見学、体験することができる。

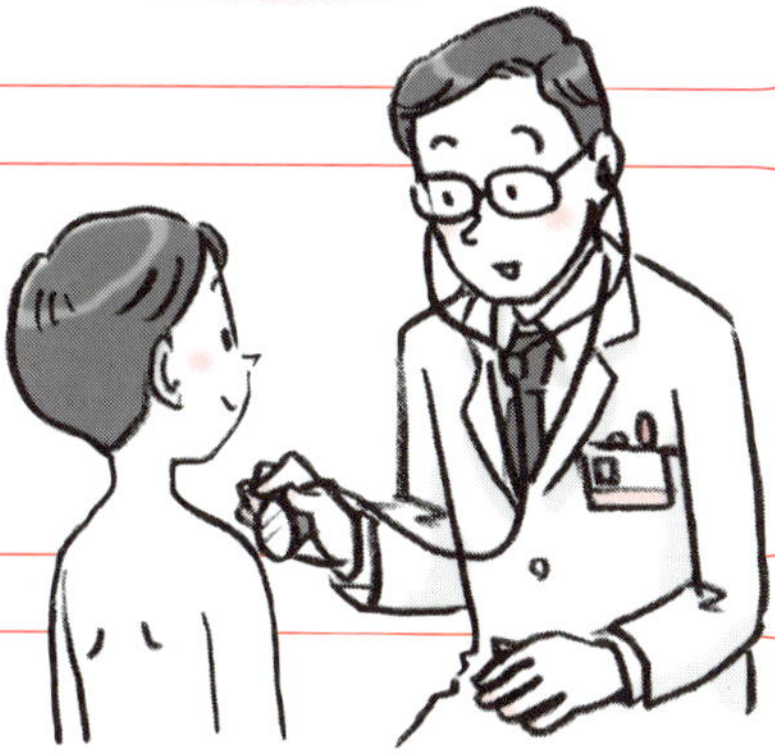

12月末まで

希望の就学先を就学支援委員に伝える。

1月以降

就学先の通知

就学支援委員会の検討結果が保護者に通知される。ただし、どこに通うかを決めるのは保護者なので、園の先生や学校の先生、医師などに相談しながら、よく検討したい。

ポジティブ・クレーマーになろう

学校の対応が気になるあまり、「もっとこうしてくれ」とクレームばかりを言っていませんか? 気持ちよく、わが子の「困った」について考えてくれる先生になってもらえるよう、まずはお礼をします。

本来の「クレーム」とは要望する意見を述べる、という意味です

学校の先生には、わが子の「発達の凸凹」について、理解してほしいものです。しかし、わかってほしい気持ちが先走ると、とかく先生への要求ばかりになりがちです。「こうしてください」「なんでわからないの?」が続くと、「モンスターペアレント」扱いされシャットアウトされかねません。お願いごとはそれとして、はじめに学校にお礼状を出しましょう。たとえば、「子ども同士のケンカを、仲裁してくれて、ありがとうございます」「おかげさまで友達関係がうまくいきました」「宿題に子どもの学習意欲をかきたてる工夫があって助かりました」など、できて当たり前ではなく、先生のいい指導を取りあげて感謝の意を表わしていきたいものです。

　あわせて、校長や教育委員会などにもお礼状を出しましょう。お礼は口頭では消えてしまうので、書面にすることが秘訣《ひけつ》です。顔を合わせて「ありがとう」も大事ですが、お礼状として文章に残していくのです。

　そのためには、保護者がまず学校での授業や教育活動を「よく見る」ことが大切です。なかには納得しにくいこともあるでしょうが、「理解者」になることがスタートです。そこから良い指導だと思ったところに、ポジティブな意見（クレーム）を述べていくように心がけてください。

　「今日もまた○○さんから、お礼状が届いた」となると、学校も「よく見ていてくれる保護者」としてあなたのことを受け止めてくれるでしょう。その『理解者』から、「ところで、クラスでの対応についてご相談が…」と申し入れがあると、学校側も「なんでしょう?」と耳を傾けてくれやすくなるのではないでしょうか?

　日ごろからポジティブな評価ができる保護者からのクレームに対しては、本気になって聞いてくれるでしょう。わが子のために、ポジティブ・クレーマーになってみませんか?

★年●組でお世話になっております小学館太郎の母です。
今日は、お礼を申し上げたくお便りさせていただきます。

★年生になり、音楽でリコーダーの授業が始まりました。不器用さに課題のある太郎にとっては、新たな難題でした。学校で音楽の▲▲先生にご相談したら、「大丈夫ですよ。学校とお家で一緒にやっていきましょう。」と温かく励ましてくださいました。

学芸会でのリコーダー発表の練習が始まると、▲▲先生からリコーダーの左手で持つところにセロテープを貼り、右手だけ動かすというお知らせをいただきました。楽譜には、右手だけで吹けるパートが書かれていました。温かいお心づかいに私は感激しました。学芸会当日は、先生の工夫とご配慮で、息子はみんなと同じ舞台に立ち、はりきって演奏していました。

私はリコーダーを吹けるようにすることばかり考えておりましたが、先生はできるところを活かして演奏させるという対応をしてくださいました。

課題のある子どもの親として、とてもありがたい対応でした。子どもの気持ちを考えた配慮に、感謝しております。

これからもいろいろな場面で先生方にご配慮、指導の工夫をしていただくことも多いかと思います。家庭でできることは、努力して参りますので、今後ともどうぞ温かいご指導をお願い致します。

「うちの子紹介カード」を作ろう

わが子の適応力の偏りや、特性を担任の先生に理解してもらうには、「うちの子紹介カード」がおすすめです。うちの子の苦手と得意を見直すいい機会にもなります。入学や進級のときに先生に渡すといいでしょう。

周囲の無理解が生む「二次障害」を防ぐために特性を簡潔にまとめよう

人は誰しも得手、不得手がありますが、発達につまずきのある子どもたちは、その凸凹の差が大きいことも特性です。苦手な箇所も独特です。大きな音を極端に嫌う、人に触れるのを嫌がる、極端な偏食、文字を一行ずつ読むのが難しいなどです。ほかにもいろいろなケースがありますが、なかには本人自身がそれほど気にしていなかったり、苦手な課題に取り組む「努力」そのものが苦手になっていることもあります。そのため、まわりの理解を得られない場合も多くあります。

周囲の無理解は子どもを傷つけ、いじめや不登校、引きこもりなどの「二次障害」につながりかねません。わが子がそんなつらい目にあわないような対策も考えていきましょう。

発達障害の情報は増えていますが、十分理解している先生ばかりではありません。そこで、「うちの子」の特性を、まずは担任の先生に理解してもらうことから始めましょう。

新入生の場合、幼稚園や保育園からの申し送り書が届きますが、保護者からの希望で、個別に配慮してほしいことがあるときには、担任の先生にわが子の特性を理解してもらうことが大切です。

先生に伝える方法として、おすすめしたいのが、「うちの子紹介カード」です。わが子の特性をわかりやすく記して、担任の先生に手渡してください。わが子のためだけではなく、先生自身も指導がしやすくなるでしょう。

この子たちは、凹部も大きいですが、凸部も抜きん出ていることがあります。「人づきあいは苦手だけど、数字に強い」「落ち着きはないけど頭の回転が速い」など、いいところは「天才肌」なことも多いのです。

子どもに、苦手なことを嫌々やらせるだけでなく、「得意なことを伸ばしたい」という保護者からのお願いも入れておくといいでしょう。いざというときに、パッと見てもらえるように簡潔にまとめることが大切です。

「うちの子紹介カード」の参考例

先生に伝えたいことがあるからと、何枚もの資料にすると、
忙しくて読めないからと目を通してもらえないかもしれません。
できれば1枚の紙に、項目を分けて読みやすく、要点をまとめられるといいでしょう。

0000年00月00日作成

氏名 小学館太郎

平成○年○月○日生まれ（○歳）

血液型 ○

身長 000cm　体重 00kg

連絡先の電話番号は優先順位をつけて

電話連絡先（保護者）

〈優先順位1〉 090-0000-0000（母携帯電話番号）

〈優先順位2〉 080-0000-0000（父携帯電話番号）

〈優先順位3〉 03-0000-0000（祖母自宅）

理解されにくい本人の性格や特性を書く

本人の性格や特性

- 話しかけても、目線を合わせることや、適切な反応を返すことが難しい。
- 状況の変化を理解し、臨機応変に対応することが難しい。
- 同年代の子どもと関わることが苦手で、一緒に遊べない。
- 苦手意識や緊張感が高まっているとヘラヘラと悪ふざけをしてしまう。
- 音に対して、敏感で（聴覚防衛反応）、情緒的に不安定になりやすい。

先生へのお願いは丁寧に細かく書く

先生へのお願い

- 本人に指示を出すときは遠まわしではなく単刀直入に声をかけてください。
- 集団に入れないときは「一緒にする？　見ているだけにする？」と選択肢を提示したうえで、本人の自己決定を尊重してください。
- 耳ふさぎをしたときは、可能な範囲で、静かな部屋に導いてください。
- 予測がたたないことが苦手なので、「○○の次は●●をやるよ」などと、予定を知らせると動きやすくなります。

「通級」を上手に活用しよう

発達の育ちに凸凹があっても、知的障害がないと、原則として、通常学級に就学します。でも、通常学級だけでは困ることが多いと、通常学級に在籍したまま、特別支援教育を受ける「通級」に通うことができます。

子どもの教育ニーズに合わせて個別指導や小集団指導を受ける

「通級」とは、通常の学級に在籍しながら、週1回程度、「通級」に通って、その子の教育ニーズに見合った指導を受ける制度です。

制度的には、知的障害、肢体不自由、身体虚弱、弱視、難聴、言語障害、自閉症、情緒障害、LD、ADHD、などの診断を受けた子どもたちが通う教室と位置づけられていますが、各自治体によってその運用や実態はさまざまです。

必ずしも発達障害の診断を受けていなくても、通常学級での生活や学習に「困った」ことがあれば相談できます。

2007年より始まった「特別支援教育」では、生徒の在籍場所にかかわらず、一人ひとりに合わせて、特性やつまづきに対する教育ニーズを把握しながら、個別支援計画のもとに教育活動に配慮することなどが明文化されました。「通級」指導はこの理念に基づき、小集団でのコミュニケーションスキルトレーニングや、個別での学習指導、運動指導などが行われています。

「通級」に通うメリットのひとつ目は、本人の苦手がケアされることです。ふたつ目はわが子のつまずきや特性理解が難しい先生に対して、通級先の先生が仲立ちをしてくれることです。例えば、わが子の困り感を、担任にうまく説明できないとき、通級の先生に解説してもらうといいでしょう。3つ目は、ときに誤解者になってしまいかねない他の保護者から、わが子を守りやすくなることです。「あなたの子どもがいるから、うちの子の学力が下がるのよ」と言われてしまったときにも、通級の先生経由での説明があると、理解を得やすいでしょう。

通級には同じような悩みをかかえた仲間がいるメリットもあります。他の子の解決法を参考にしたり、誰かに助けを求めることも悪いことではないと気づきます。保護者同士で励まし合える仲間ができるとよいですね。

通級でやってもらえること

子どもの特性や苦手に応じた、個別指導や小集団指導が行われます。

1 ○○をよむ
2 △□をする
3 ×△を作る
4 □□・・・・・・・
5 さようなら…

集中して課題に取り組む学習

行動の手順や集中力を育てる学習など

コミュニケーションスキルの学習

人の気持ちの受けとめ方や自分の思いの伝え方で、何が適切で、何が不適切なことか、などを学ぶ

《紹介ゲーム》
1友だちの良いところを…
2………
はじめにやってみたい人、手をあげて!

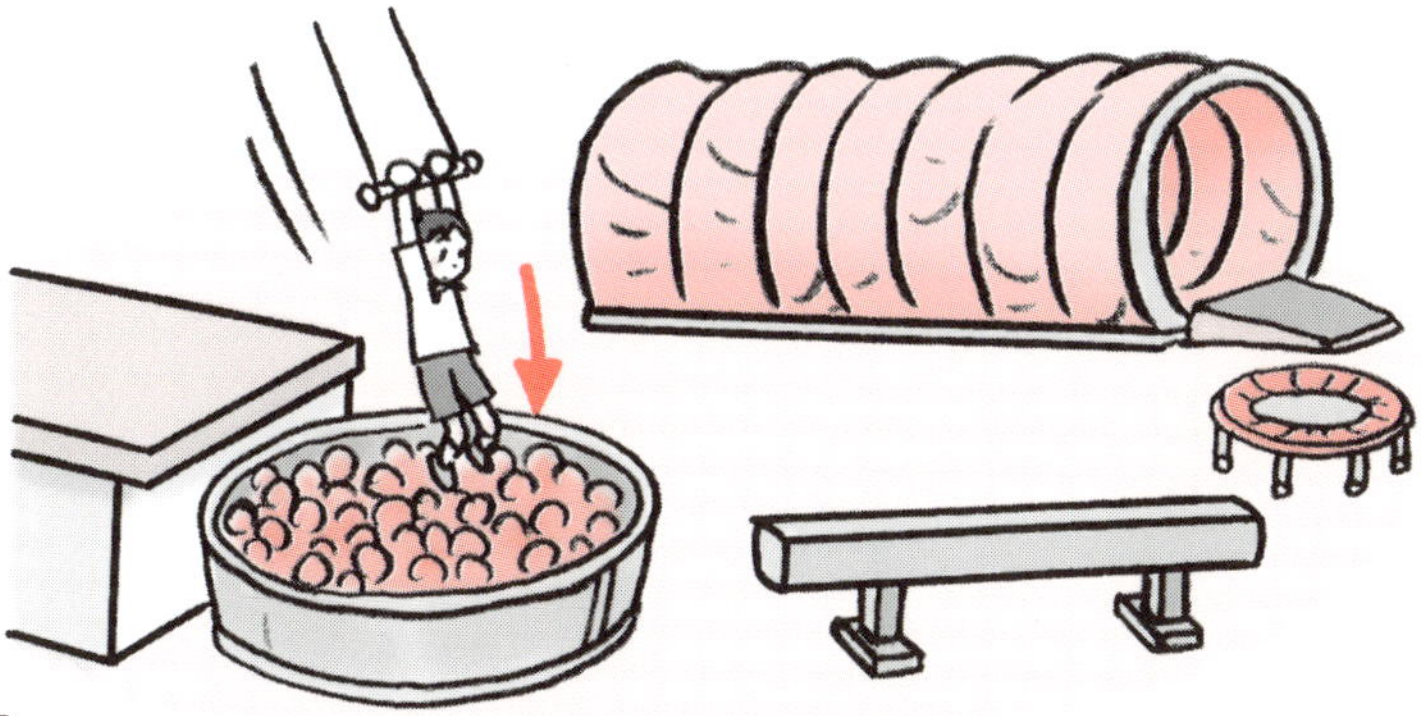

体を上手に使う学習

力の調整や相手との関わり方の理解。姿勢の調節のしかたや、ボディイメージの発達を促す

進学・就労に向けて今からできること

この先迎える、子どもの思春期や反抗期も含めて、小学校に通ううちにやっておきたいことは、父親も子育てに参加することです。そして、親としての役割を見つめるとともに、周囲に理解者を増やしていきましょう。

一般的な子育て論にしばられずわが子に合う道を見つけていこう

発達につまずきのある子は男の子のほうが多いのです。思春期は別名、第二次性徴期。子どもを卒業し、大人に近づくなかで、生殖能力を獲得していく時期です。性への興味も高まるこの時期には、母親の存在はうっとうしいだけになります。それは発達上、普通にあることであり、そこが、親離れ、子離れのチャンスでもあります。

では、母親が遠ざかった分、誰が子どもに関わるのか？　というと、父親の役割が大切になります。「いよいよ思春期に入りました。では、ここからお父さんにバトンタッチです」では、うまくいきません。幼少期から少しずつ、父親の出番を作り、父親も一緒に、子どもの心と体の理解者になりましょう。

お父さんが仕事などで忙しすぎる場合は、大人の男性のモデルになってくれる人を探すことも必要です。家庭教師でもいいし、サッカークラブのコーチでもいい。大人の男性との接点を作ってあげるといいでしょう。

これから先、受験や就職など、進路や生き方を選ぶ局面を迎えるたびに、親の悩みは深くなるでしょう。発達につまずきのある子どもたちには、一般的な「子育て論」は必ずしも通用しないものです。そのときに、一番大事なのは、親が「はらをくくる」ことです。うちの子は凡人じゃない。発達に凸凹があるんだと理解する。それは、とても難しいことで、日々、自分の内面と戦うことになるでしょう。

しかし、親がそこを乗り越えないと、子どもはますますつらくなります。中学生以降になると、子ども自身が自分の得手不得手を受け止める「自己認知」も大切になります。苦手を卑下するのでなく、得意なこともあると知る。苦手なことはまわりに助けてもらって、得意なことはどんどん伸ばす。人と同じである必要はありません。わが子が自分の人生を楽しめるように、応援しましょう。